本书是湖北省教育厅青年人文项目"湖北省中小学课程信息化的理论与实践研究"（2012Q075）及湖北省"十二五"教育科学规划项目"新课改背景下的课程信息化理论与实践研究"（2011B048）的研究成果

教育研究新视野丛书

基础教育课程信息化的理论与实践

李鸿科／著

中国社会科学出版社

图书在版编目(CIP)数据

基础教育课程信息化的理论与实践/李鸿科著.—北京：
中国社会科学出版社，2015.5
（教育研究新视野丛书）
ISBN 978 – 7 – 5161 – 4591 – 3

Ⅰ.①基…　Ⅱ.①李…　Ⅲ.①信息技术—应用—基础
教育—课程改革—研究　Ⅳ.①G632.3 – 39

中国版本图书馆 CIP 数据核字(2014)第 171663 号

出 版 人	赵剑英
责任编辑	赵　丽
责任校对	罗洪楠
责任印制	王　超

出　　版	中国社会科学出版社
社　　址	北京鼓楼西大街甲 158 号
邮　　编	100720
网　　址	http://www.csspw.cn
发 行 部	010 – 84083685
门 市 部	010 – 84029450
经　　销	新华书店及其他书店

印刷装订	北京君升印刷有限公司
版　　次	2015 年 5 月第 1 版
印　　次	2015 年 5 月第 1 次印刷

开　　本	710 × 1000　1/16
印　　张	11.75
插　　页	2
字　　数	201 千字
定　　价	39.00 元

总　　序

　　根据党的十七大关于"优先发展教育，建设人力资源强国"的战略部署，《国家中长期教育改革和发展规划纲要（2010—2020年)》（以下简称《教育规划纲要》）提出要"适应全面建设小康社会、建设创新型国家的需要，坚持育人为本，以改革创新为动力，以促进公平为重点，以提高质量为核心，全面实施素质教育……加快从教育大国向教育强国、从人力资源大国向人力资源强国迈进"。作为未来十年中国教育改革和发展基本蓝图的规划纲要，不仅勾画出这一宏伟愿景，还进一步拟定了有时间标志的战略目标——"到2020年，基本实现教育现代化，基本形成学习型社会，进入人力资源强国行列"。《教育规划纲要》第23条又说："以加强人力资源能力建设为核心……倡导全民阅读。广泛开展城乡社区教育，加快各类学习型组织建设，基本形成全民学习、终身学习的学习型社会。"

　　如此看来，《教育规划纲要》提出的是建设"人力资源强国"和建立"全民终身学习社会"这两个目标，尽管这两个目标显示出国家立场和个人立场两种不同的立场，表达的也是两种不同的视角，即"经济教育学视角"和"终生学习视角"，但二者之间又存在着不可忽视的内在关联性。建设人力资源强国的目标，也将创建学习型社会作为未来50年我国教育与人力资源开发的三大战略之一，同时还强调"使教育与培训成为解决人民群众生存与发展问题的重要手段，成为社会弱势群体改变生活命运、增加家庭收入的重要手段，成为劳动者提高就业能力和提高劳动生产率的重要手段，成为全体人民实现全面发展目标的重要手段"。① 正是二者之间的这种内在关联性，使我们能够意识到，这两个目标不仅有空间上的互补关系，同时也存在时间上的先后关系——衡量社会发展的尺度，总是先强调其经济标准，而后渐渐转向教育的或者说文化的标准。这意味着，衡量社会进步，要从经济尺度转向教育尺度，这种转换，不是用教育学视角替代经济学视角，而是既超越又包容，既承认经济是国家和民族繁荣富强的重要条件和基础，但经济又不等于社会的一切，教育学视角同时还要关注那些能产生巨大物质力量的精神性的素质。

《教育规划纲要》还"鼓励和支持教育科研人员坚持理论联系实际，深入探索中国特色社会主义教育规律，研究和回答教育改革发展重大理论和现实问题，促进教育事业科学发展"。事实上，自改革开放以来，我国广大教育工作者和众多教育学者都一直在孜孜不倦地探寻教育发展的中国之路，同时也在探求教育学发展的中国之路。这里呈现给读者的《教育研究新视野丛书》就是研究者们在致力于这条中国之路探索过程中的思想积淀与智慧结晶。

从这套丛书涉及的研究领域看，主要是教育学原理研究和高等教育研究；从研究的主题看，主要集中于教育的本质论、价值论、知识论、教学论及高等教育政策研究；从研究方法来讲，不仅有理性的思辨，也有实证性分析。总体上看，展现出较为广阔的学术视野和负责的研究态度和精神。

《教育的情怀与修炼》一书，是作者近 30 年在高校从事教育学研究心路历程的真实写照。作者在教育哲学、教育学原理、课程与教学论、基础教育改革、教师教育等领域都积累了丰富的教学经验和研究心得。收入这本书的 30 余篇学术论文，大体分为 8 个部分，涵盖两个层面。一是教育理想层面。研究的重点问题包括：什么是受过良好教育的人？教育应该培养什么样的人？人的素质的内涵、内容和结构是怎样的？在教育活动中如何认知、理解和达成人的知识、智慧和德性？对这些重要问题的阐述，分别从"教育与人的发展"、"教育与

---

① 《中国教育与人力资源问题报告》课题组：《从人口大国迈向人力资源强国——中国教育与人力资源问题报告概要》，《上海教育》2003 年第 6 期。

人的素质"、"教育与人的智慧"、"教育与人的德性"四个方面来呈现。二是教育实践层面。研究的重点问题包括：学校教育活动的主导者——教师该如何基于"以生为本"的理念，成长为智慧型、专家型、艺术型教师？学校教育活动的主阵地——课堂该如何顺应时代潮流产生积极而深刻的变革？在当今国际化、全球化、多元化的背景之下，中国教育如何保持与世界的交流与对话？中国教育学如何立足自身的学科立场、研究范式、知识样式与话语方式？对这些重要问题的阐述，体现在"教育之教师发展"、"教育之教学变革"、"教育之国际比较"、"教育之学科建设"这四个部分之中。

《知识的祛魅与人的回归——对中国当代知识教育的考察与反思》表达了作者对这一主题的批判与慎思。随着教育变革的推进和教育研究的不断深入，"知识"成为研究者思考教育的核心问题。然而，由于研究的偏好或思维的惯性，这一领域的研究尚未取得实质性的进展。我国基础教育课程改革从某种意义上讲就是对知识的重新认识和解读，教育学理论的更新与重建也无法绕开知识这一核心问题。因此，详细考察教育中知识的本质及其变化，有助于改变人们的思维方式，从一种新的视角认识、澄清和解决教育问题。这本书从历史的、哲学的和教育的视角，较为详细地阐述了知识的本质及其变化、异化过程，特别是在学校教育过程中知识异化的演进，以及对人的发展的影响，试图用复杂性思维方式研究知识异化的回归，从知识类型、知识价值、知识传授方式、知识功能、知识基础五个方面，探索从唯知识教育返回到充满人性的知识教育的可能途径，为知识教育改革与发展探明一个新方向。

《大学教学的多维透视》这本书从教育学、学习学、伦理学、管理学等多学科视角审视大学教学，系统探讨了大学教学的理念问题、课程与学习和教学问题、教学伦理及教学管理等问题。这些视野开阔、学理性强的探讨，是基于作者多年从事大学教学及其研究的亲历与亲为，既是理论的自我指导，又是具体教学实践的理论提升，这无论是对高校教师的教学与研究，还是对在高等教育学领域中深造的研究生，都具有重要的参考意义和启示价值。

《中国高校资助政策与学生行为选择研究》一书是教育部人文社

科基金和国家自然科学基金资助项目的阶段性成果。作者首先梳理了高校资助政策与大学生行为选择关系的理论发展脉络，从新古典经济学、人力资本理论到行为经济学，揭示了经济学的发展对该问题研究的进展，为建立本书的研究框架奠定了理论基础。其次，基于5000多份调查问卷，采用单因素方差分析了解具有不同社会经济地位背景的学生对高校资助政策的认知感差异，采用无序多分类 Logistic 回归和定序回归模型，深入探讨了高校资助政策对大学生的高等教育入学与学业发展的影响。最后，在分析中国高校学生贷款发展趋势的基础上，比较了中美两国学生贷款的债务负担，并研究了校园地与生源地两种贷款项目不同的运行效率。针对高职高专学生资助政策和近五年美国高校资助政策变化的专题研究，为政府制定相关政策和大学生作出合理抉择提供了理论和实证研究的支持。

《基础教育课程信息化的理论与实践》一书是关于信息化教学的实践研究。本书立足于基础教育的信息化教学变革及长效发展机制，以新课程理念为指导，以信息技术为支撑，探究信息技术融入教育教学实践的课程信息化道路。主要从课程信息化的背景概述、新课程理念下的课程信息化理论基础分析、新课程目标下的课程信息化内涵阐释、新课程内容下的课程信息化现状与实践探究、新课程实施下的课程信息化应用模型构建、新课程结构下的课程信息化分层推进设想、课程信息化的研究结论与反思等几个方面进行了全面的论述。研究成果对于推进基础教育的信息化教学方式变革具有重要的参考意义和启示价值。

党的十八大之后，我国将实施创新驱动发展战略。其中，完善知识创新体系，强化基础研究、前沿技术研究、社会公益技术研究，提高科学研究水平和成果转化能力等要求，对每一位研究者来说，都有自己的一份责任，也都有可能作出一份属于自己的贡献。教育作为一项公益事业是值得去付出的事业，教育学研究作为一种学术生活也是一种值得去过的生活，诚愿这套丛书的每一位读者，都能体味到作者们的精神追求与学术良知。

华东师范大学　杨小微教授

目　　录

第一章

课程信息化的背景概述

《国家中长期教育改革和发展规划纲要（2010—2020 年）》（下文简称《纲要》）第十九章中提出了加快教育信息化进程的三条指导意见：第一，加快教育信息化基础设施建设；第二，加强优质教育资源开发与应用；第三，构建国家教育管理信息系统。①

《纲要》解读：第一条关于基础设施建设。基础设施建设向来是中国教育信息化的最大难题，由于中国经济发展条件有限，再加上中国教育体系庞大，受教育人口数量众多，农村学校及学生人数占绝大部分比例，所以信息化建设步伐非常缓慢，教育投资难以满足学校信息化发展的基本要求。随着信息技术的进一步发展和中国经济发展的快速增长，教育信息化投资的力度越来越大，近年来关于教育信息化的特大投资工程有十多项，如教育部李嘉诚基金会实施的西部中小学现代远程教育工程、全国文化信息资源共享工程、农村网络教室和网络信息站点建设项目、现代远程教育试点示范项目、农村中小学现代远程教育工程、校校通工程、班班通工程等，在以上各项工程的助推下，教育信息化基础设施建设已经覆盖全部农村，这是史上前所未有的大变化，同时也让我们看到国家对于教育信息化建设投资的大力度与坚决心。据统计，2012 年全国国内生产总值为 518942.11 亿元，国家财政性教育经费占国内生产总值的比例为

---

① 《国家中长期教育改革和发展规划纲要（2010—2020 年）》，2010 年 7 月，新华社（http://www.gov.cn/jrzg/2010—07/29/content_ 1667143. htm）。

4.28%，比上年的3.93%增加了0.35个百分点。① 这是中国教育投资跨越世界教育投资平均水平4%的标志性年代。因此，中国教育信息化的硬环境建设不再是不可逾越的鸿沟，而是随着中国经济的发展，教育投资前景会越来越美好。第二条关于资源建设。《纲要》中提出了一个非常重要的核心词"优质"资源。何为优质的信息化教学资源？笔者的理解是用简单易懂的可视化、视听化信息表达形式（文本、图形、图像、声音、动画、视频），经过智慧的思考进行逻辑组合，把复杂的过程或者信息以简单的方式表达准确就是最好的资源，不盲目追求技术的难度，不过度追求艺术的繁华，而是技术和艺术恰当结合。中国教育信息化发展了20余年，积累了不少资源，但是信息化教学资源的重复建设、低水平建设、无序建设现象比较普遍，耗费了大量的人力、物力和财力，效果并不理想。基于此，教育部提出今后资源建设的风向标是"优质"资源，同时强调了资源的"应用"，正好涉及了资源内涵的本质意义。因为教育资源的价值一定是在应用中发挥出来的，教育信息化的发展必须重视信息化资源的科学应用。第三条关于教育管理信息系统。系统开发一度成为教育技术界风靡全国的热潮，各个层次、各个类型、各个学校、各个公司都在争前恐后地构筑教育信息管理系统。通过多年的实践证明，杂乱无章的系统开发浪费了大量的人力和财力，所开发的系统稳定性、兼容性、可维护性、可普及性都还存在一些问题。因此，教育部开始统筹规划，打造统一的信息化管理平台，比如精品资源共享课、精品视频公开课等，教育部通过有实力的大型IT公司来设计统一的通用平台，设计标准高，运行效率好，方便省事，避免了各个学校各自为政，各搭平台，既是重复建设，又是难以兼容。

总体来说，从《纲要》中我们可以看出，在未来十年的教育发展规划中，国家非常重视教育信息化的进一步深入发展。国家教育部杜占

---

① 《教育部、国家统计局、财政部关于2012年全国教育经费执行情况统计公告》，2013年12月，教财〔2013〕7号（http：//www.moe.gov.cn/publicfiles/business/htmlfiles/moe/s5744/201312/161346.html）。

元副部长在 2011 年全国电化教育馆馆长会议上的讲话强调：全面落实《教育规划纲要》加快推进中国教育信息化科学发展。[1] 基于此，各个省市根据国家《教育规划纲要》，也提出了本地方未来教育信息化的发展目标。国家如此重视教育信息化的发展，说明教育信息化已经成为教育发展的必由之路，如何实现教育信息化的深入发展、高效发展和科学发展，笔者立足课程与信息化教学实践，通过课程信息化来探索有效实现新课程目标的策略与方法，探索如何更好地实现信息技术的教育价值，以便有效推进教育信息化的深入发展。

第一节　课程信息化的动因

一　信息化教学的困惑

教育信息化是未来教育的必然趋势，信息化教学已经全面展开，国家对信息化教学的投资力度越来越大，信息化教学设施的普及面也越来越广。然而，信息化教学的现状还是有些令人担忧，笔者以"信息化教学的问题"为核心词，在中国期刊全文数据库（CNKI）中从篇名进行检索，检索到 46 篇相关论文（2011 年 12 月 24 日）。对这些文献进行分析，可以看出，从 2002 年仅有的 1 篇论文开始至今，相关讨论的论文数量越来越多，2011 年 3 篇，2010 年 8 篇，2009 年 6 篇，2008 年 7 篇，2007 年 4 篇，2006 年 9 篇，近六年平均每年 6 篇论文。足以说明人们对信息化教学的问题开始关注，而且成了热点研究对象。通过对以上论文进行梳理和总结，发现信息化教学的问题在环境建设、硬件建设、软件资源建设、教学应用及教学评价方面比较突出。[2] 究其问题的根源在于信息化教学理论的不系统、不深入、不实际，甚至不全面，导致信息化教学实践出现诸多误区，实践无从着手，评价难以进行。美国开始对信息化教学效果进行全面调查，调查结果显示效果偏低。国内对信息化教学效果的质疑也在不断升温。中国也开始重视信息化教学效果

---

① 《全面落实〈教育规划纲要〉加快推进中国教育信息化科学发展》，2011 年 4 月，中央电化教育馆（http：//www.ncet.edu.cn/html/news/leader/20114222197.html）。

② 杜玉霞：《中小学信息化教学资源应用环境存在的问题与对策》，《中国信息技术教育》2009 年第 6 期。

的考评，例如，信息技术与课程整合经历了十多年的探索和实践，取得了一定的成绩和经验，但是也存在诸多问题和困惑，正如蒋鸣和教授提出信息技术与课程整合出现了"高原反应"。① 信息技术与课程整合曾经一度是教育技术界研究的热点，但是近两年对信息技术与课程整合的相关研究有所降温，这并不是说信息技术与课程整合不重要或者说整合已经完成了，而是有两层含义可以解释：第一，信息技术与课程整合效果确实不是十分明显，学者们研究的热情和积极性受到一定的挫败；第二，学者们对信息技术与课程整合开始了更加理性的研究，不再盲目追求热点。基于此，笔者亲自经历了信息技术与课程整合的前期阶段，种种困惑和无奈始终在提醒我，信息化教学步履艰难，需要在系统研究信息化教学理论的同时，不断寻找有效的信息化教学方法和实施方案，脚踏实地，立足新课程改革探讨信息化教学的突破口，改变以往的盲目实践、重复研究等问题。② 因此，需要运用系统方法，从系统角度考虑课程信息化研究，实现规划、规范、有层次、有标准、有依据、有宏观、有微观、有实践、有实验的完整体系化研究。基于此，本书选择了课程信息化的理论与实践进行研究。

二 新课程改革的启发

中国基础教育课程改革（第八次）于 1999 年正式启动，2000 年 7 月教育部颁布《基础教育课程改革纲要（试行）》③，9 月 1 日起进入基础教育课程改革实验区。经过十年的课程改革，已经取得了阶段性成果，课程改革实验也在逐年扩大范围，逐步走向普及。但是在这个过程中，信息技术的应用与课程改革基本上处于独立发展，各自寻求着制高点，相互渗透和融合的力度不够。新课程改革一向重视教育信息化，但是没有找到有效的信息化教学策略。④ 使得新课程理念难以融入教学实践，新课

---

① 蒋鸣和：《从教学手段的整合到课程信息化——信息技术与课程整合的新探索》，《信息技术教育》2006 年第 1 期。

② 刘协权、王建江：《关于信息化教学的几点思考》，《中国教育技术装备》2011 年第 11 期。

③ 《中国教育报》2001 年 7 月 27 日第 2 版。

④ 于建柱：《新观念、新实践、新思考——关于北京市实施新课改的几点体会》，《新课程学习》2011 年第 1 期。

程思想的内涵难以体现，从而无法达到新课程目标。新课程的发展需要信息技术的支撑，需要信息化教学环境，信息化教学是未来教育发展的必然趋势。同时，信息化教学需要向新课程靠拢，需要为新课程改革服务，需要与新课程融合，否则，信息化教学必然没有出路。基于此，选择课程信息化理论与实践研究目的在于解读新课程改革政策的同时，通过信息技术有效推动新课程改革，实现信息技术与新课程的有效融合和互相促进。

三　技术人本化的思考

自从人类社会的发端开始，技术就与每个人的生活息息相关，人类在不断追求着技术的创新，同时也利用技术解决了无数的实际问题。法国科学家狄德罗主编的《百科全书》给技术下了一个简明的定义："技术是为某一目的共同协作组成的各种工具和规则体系。"[①] 从这个概念中我们可以理解技术的特点，"为了某一目的"说明技术具有目的性，"共同协作"说明了技术的社会性，"各种工具和规则体系"说明了技术的多元性。所以，技术的本质取决于人类的需要，并满足其需要。因此，技术是人创造的，蕴含着人类的智慧，技术也是为人服务的，体现着人本的理念。信息技术不是改造教育，因为"改造"一词更多体现了信息技术的主动性和主体性，会忽视教育的内涵而将其改造成适合技术或者是迎合技术的教育，那将是一个可怕的结果。信息技术更不是替代教育，而是服务教育，人本化的服务于教育，是对教育的提升，不是机械的操作，也不是程序按步照搬。[②] 可是，信息化教学实践中，技术的人本思想如何体现？关于这个问题的探讨还没有定论，这也是笔者想极力探寻的问题，希望通过本书的研究与实验能得到一部分答案。

四　应用服务化的探索

教育技术在推动教学改革、提高教学质量、提高教学效率、扩大教学规模方面的作用是肯定的，也是显著的。但是在一些关键问题的研究上还

---

① 《技术》，百度百科（http：//baike.baidu.com/view/45517.htm）。
② 贾丽丽：《基于人性技术化与技术人性化的哲学思考》，《科学之友》2009 年第 12 期。

不是很深入，如信息技术与课程整合问题，信息技术的高效利用问题，信息技术与教育的有效融合问题，信息化教学的标准问题，信息化教学的评估问题，信息化教学的效益问题等。以前我们总是强调教师要用好信息技术，进行了多年的教师培训，应用效果却不是非常显著。^① 问题的主要症结何在？第一，应用态度问题。现实中的信息化教学应用不是需要才用，而是受到上级或者学校要求才用，这足以判断出使用者的态度不是积极的，不是主动的，没有主动的追求，就不会有太多的思考，创新更是渺茫。同时，应用不一定是真正的需要才用，而是跟风或者流于形式的应用比较普遍。第二，应用方法问题。信息化教学的效果受到严重质疑，主要在于应用方法的缺失导致教学实践中的应用比较随意，甚至可以用混乱来总结。虽然说教无定法，需要挖掘每个老师的教学特色，展现自我个性，但是脱离基本原理、基本规则的比较盲目的方法注定是要失败的，有技巧的应用才能达到事半功倍的效果。第三，应用环境问题。目前关于信息化教学应用的环境也是问题比较突出，信息化环境设施建设层次不一，应用条件也无法对等。^② 一种比较偏离实际的思维总是认为需要最好的设备，而不能就现实状态下的现实条件进行认真分析和研究，采取相应的应用策略。第四，应用效果问题。信息化教学应用非常关键，否则开发再好的资源，进行了再好的设计，不能落实在应用中，效果就会打折扣。而且效果不仅仅反映在学生的成绩上，而是包括学习者的学习体验、学习感受等情感素质的转变与提升。基于以上对应用态度、应用环境、应用方法、应用效果的分析，综合因素归纳出来最核心的一点还是应用理念的转变。^③ 刚开始新媒体应用于教学使人耳目一新，属于先进的技术，仅有少数人会用，所以技术显得很炫耀，很高深。^④ 而现在的信息化教学已经常态化、普及化，更重要的是服务化，以服务的态度和理念来思考信息化教学的应用策略问题，信息化教学的应用才会有所突破。近两年，在实施一所小学信息化教学项

---

① 孟奇：《课堂信息化教学有效性研究》，华东师范大学博士学位论文，2006 年，第 38 页。
② 苏福根、覃家君、陈高润、常文敦、刘林克：《构建信息化教学环境推进教育信息化》，《实验技术与管理》2010 年第 11 期。
③ 邢春林：《感受张景中院士的信息化教学理念》，《信息技术教育》2006 年第 5 期。
④ 张进良、赵树国、赵松杰：《高校多媒体教学效果评价》，《邯郸职业技术学院学报》2010 年第 3 期。

目的实践中，我们深受启发，仅仅靠教师个人的技术和力量对信息技术的驾驭和运用是非常有限的，学程长，应用简单，没有技术服务体系，很难实现可持续化发展和深入发展。基于此，笔者个人认为，技术不仅仅是个人的技术，更是团队和集体的技术，基于团队和集体的技术应用才会体系化、服务化。基于应用服务化的思考，想通过课程信息化的实践来验证应用服务化的效果。

第二节　课程信息化目的

一　完善和创新信息化教学理论

教育信息化在中国已经开展多年，经历了无数坎坷，也取得了一定的成效，把传统的"粉笔＋黑板"教学变成了多媒体教学，传统的"围墙"校园变成了数字校园，学生基于课本、课堂和教师的学习变成了基于网络的师生互动、生生互动学习，合作学习和探究学习。所有这些变化对于推进中国教育发展具有历史性的变革意义。在教育信息化的大背景下，中国信息化教学进行得如火如荼，在国家多个教育信息化工程（如明天女教师培训项目、校校通工程、教育部李嘉诚基金会实施的西部中小学现代远程教育工程、全国文化信息资源共享工程、农村网络教室和网络信息站点建设项目、现代远程教育试点示范项目、农村中小学现代远程教育工程等）的推动下，信息化教学基本遍及所有学校。信息化教学的普及是未来教育发展的必然趋势，但是当前教育界对信息化教学效果及效益的质疑声连绵不断。作为一名教育技术专业教师，一心热衷于信息化教学的研究者，面对质疑的局面深感压力之大，同时也引起笔者内心的理性思考，教育信息化开展了这么多年，效果为什么不显著？[①]理论问题不可回避，因为当前我们的信息化教学理论大部分是教育学、心理学、传播学原理论的搬迁和机械嫁接，理论体系错综而复杂，概念模糊而笼统。[②] 为此，经过深思熟虑，受新课程改革的启发，教育信息化

---

① 张毅：《标准化信息资源建设对信息化教学效果的影响》，《中国医学教育技术》2010年第6期。

② 何克抗：《21世纪以来教育技术理论与实践的新发展》，《现代教育技术》2009年第10期。

的立足点应该在课程，从课程出发，探究课程信息化的理论体系，是创新和完善信息化教学理论的必然过程，因为信息化的教和学都离不开课程，课程是二者的核心纽带。

二　规划和设计信息化教学实践

目前关于信息化教学理论研究非常多，但是关于信息化教学实践的研究显得比较薄弱。[①] 信息化教学理论的指导意义必须通过实践反映出来，实践成败的重要性不言而喻，它将直接决定着信息化教学的命运和生存力。由此，对于信息化教学实践的研究显得颇为重要，以课程为抓手，以新课程理念为指导，以信息化教学实践为本体，通过课程信息化既要很好地贯彻新课程思想，又要充分发挥出信息技术的优势，还要体现出新课程内涵。这是新课程改革实践和信息化教学实践合二为一的过程，也是二者发挥合力的过程，更是二者共同的交叉价值所在。信息化教学实践中突出的问题在于缺乏科学的可操作性策略，基本处于盲目的对新概念、新名词、网络流行词汇的追随和试探中，用的是老方法，灌的是新词汇，搞不出新名堂。所以，课程信息化的过程表现在实践环节上重在探索信息化教学实践的策略，构建信息化教学实践的模型，研究信息化教学实践的方法。

三　分析和解决信息化教学问题

信息技术融入教育，推动了教育史上的又一次大革命，使得教学环境、教学媒体、教学方式、学习方式、资源再现方式、考评方式都发生了前所未有的变化。在这个变化的过程中，因为信息化教学是新的技术与媒介融入教育的过程，是新媒体技术的应用与探索过程，出现了一系列问题，比如硬件资源建设中过于攀比设备档次而忽视其实用功能，造成大量的设备建设成本很高，淘汰速度很快，应用效率不佳，甚至出现闲置浪费；软件资源建设中更多地倾向于技术难度的炫耀，而忽视教育意义的体现，很多资源做得很漂亮，技术难度很高，教学实践中却没有实用价值，实质上就是脱离了教育的纯技术展示，教学效果达不到要

---

① 王海丹、程琴芳：《农村中小学教育信息化现状与发展策略》，《中国教育信息化》2007 年第 8 期。

求，也没有体现出信息化教学的优势，更多的资源都是在重复设计和制作，重复拷贝和模仿，创新的成分实在太少；在信息化教学实践中，出现设备操作不当，还有不分析学科特点及课程需要，盲目将所有课程都以多媒体教学来进行，甚至出现多媒体教学堂堂用、全天用的误区，这种全盘的"信息化"未免有些过头或者说不太恰当，也导致信息化教学实践没有取得应有的效果，使得教师和学生的信息化教学和学习的积极性受挫；信息化教学培训中存在的问题是只讲技术，不讲技术与教育的关联，只讲操作步骤，不讲每一步操作的原理，导致很多教师参加培训多少年，信息化教学的技能还是没有多大提升，对信息化教学培训开始失望，甚至厌烦。以上问题如信息化教学基础环境的建设问题、教师的培训问题、资源的开发问题、信息化教学的评价、信息化教学的推进等现实问题亟须解决。[①] 针对以上问题，本书通过课程信息化的理论与实践研究，对信息化教学中的实际问题进行深入分析，寻找问题存在的根源，提出可行的解决办法。

第三节　课程信息化意义

一　为信息技术在课程中的应用提供理论依据

关于信息技术与课程整合的研究非常多，在中国期刊全文数据库（CNKI）中以题为"信息技术与课程整合"进行模糊搜索，可以检索到 1791 篇期刊论文（2000—2011 年），年均 162 篇之多；以同样的篇名进行精确检索，可以检索到 850 篇期刊论文（2000—2011 年），年均接近 80 篇，硕士论文 220 篇、博士论文 1 篇，这跟其他学科领域的相关研究比较，算是非常火爆了，研究数量惊人之多。通过大量的文献分析发现以往关于信息技术与课程整合在研究重点上信息技术起着主导作用，通过信息技术整合课程，而不是通过课程整合信息技术。正因为如此，信息技术与课程在整合实践中出现了许多问题，过于重视技术，看重形式，忽视了内容本身，忽视了课程的主体地位。笔者认为在这二者之间，课程是本源，课程是主体，信息技术是手段。所以，课程信息化

---

① 崔小平：《关于中国教育信息化问题的若干思考》，《长春师范学院学报》2004 年第 6 期。

的提法首先是突出了课程的主体地位；其次，课程信息化是以课程为本源、为主体；最后，课程是信息化教学中的重要元素，也是师生共同的立足点和归宿点。基于此，课程信息化在理论上有创新的余地，突破以往信息技术与课程整合的思路，探究新的思路和方法，对信息技术在课程中的应用有着重要的理论指导意义。

二　为信息化教学实施提供实践指导

课程是教学过程中非常重要的元素，学校离不开课程，教师离不开课程，学生也离不开课程，教学更离不开课程，所以不能忽视课程的作用。信息化教学的重点也在于课程信息化，课程信息化的过程可以带动教师信息化、带动资源信息化、带动环境信息化、带动设施信息化、带动管理信息化。[①] 同时，教学活动的实施是依据课程来展开的，有效的课程信息化可以实现课程形式的灵活转变，可以实现课程内容的特色创新，可以探索新课程应用的最佳途径，可以提高新课程教学的效果。课程信息化焦点更多倾注于实践过程，在实践中探索方法和策略，提炼理论和观点，再经过实践进行验证和推广，循环往复，不断修改和完善，最后形成具有可操作性的、能够推广的、具有普适性的实践方案。因此，课程信息化的研究在推进信息化教学方法创新，探讨信息化教育应用技巧，提升信息化教学效果方面有着重要的实践意义。

三　为信息化资源规范化建设提供参考

中国信息化教学进入快速发展阶段，但是由于信息化教学标准制定的滞后，使得信息化教学资源的自由化发展并没有体现出什么创新和特色，而是出现了软件资源的重复开发、复制、堆积，难以实现资源的共享共用，更是无法实现资源的最大限度利用。[②] 低水平的重复设计、开发和复制，既浪费了大量的财力，也耗费了教师的很多精力，却没有发挥出应有的教学作用。[③] 基于此，本书通过基于新课程理念的课程信息

---

① 谢康：《教育信息化视野下的课程信息化》，《中国电化教育》2005 年第 5 期。
② 杨改学：《解读优质资源共享在教育信息化中的地位》，《电化教育研究》2005 年第 4 期。
③ 吴砥：《学习资源的标准化描述与组织技术》，《中国远程教育》2007 年第 9 期。

化研究，突出新课程的核心位置，紧紧围绕课程内容开发优质资源，使得课程资源的开发浓缩范围，凸显精华，回归课程。这既有利于课程信息化向标准化发展，也有利于资源建设的标准化和规范化。因为资源是课程的资源，是为课程服务的资源，是扩展课程的资源，脱离课程的资源教学营养价值不大。因此，课程信息化在指导课程资源的开发方面具有理论上的指导意义，也具有实践上的实用意义。

四 为信息化教学长远发展提供保障

当前的信息化教学发展虽然有蒸蒸日上之势，但是迷茫的阴影也笼罩着每个研究者的视野，部分高校教育技术专业的停办和退出给我们提出警醒，信息化教学何去何从，如何发展，有很多不确定因素还无法断定。但有一点至少可以肯定，那就是信息化教学的发展需要理智对待、认真对待，保证信息化教学质量是信息化教学可持续发展的必要前提。信息化教学不是一朝一夕的事，而是持续化的发展过程。没有统一的课程信息化标准可依据，盲目建设，相互攀比，不依据学科、学校、学生等基本条件，不注重教学应用，最后的教学效果必然不理想，其可持续发展自然难以维持。由此，随着信息化教学的逐步深入，探究科学的课程信息化策略、方法与标准，有利于推进信息化教学的高级应用，不再是简单的工具使用，而是为教师提供更加广阔的创新教学、优化教学、提升教学的平台，科学、标准的课程信息化实施是提升信息化教学水平的过程，也是推进信息化教学深入发展和不断发展的过程，为信息化教学的可持续发展提供一种全新的思路。

五 为新课程理念实践提供基础

基础教育课程改革有十多年的历史了，但是新的课程理念和新课程思想在教学实践中难以得到充分体现，原因是多方面的。[①] 没有充分借助信息化教学的优势来落实新课程理念是不可回避的重要因素。[②] 课程信息化通过课程内容分析，分析出了课程的知识点、难点和重点，同时

---

① 张宝山、姜德刚：《中心理解新课改》，《教学与管理》2008 年第 6 期。
② 孙万斌：《新课程理念下信息技术教学的革命论》，《新课程学习（下）》2011 年第 2 期。

按照信息化设计的思维，对课程内容进行信息化设计，充分发挥信息技术的优势展示新课程特色，使得新课程的理念、思想内涵得到充分体现。所以，课程信息化的目的是更好地实现新课程目标。[①] 因此，课程信息化的实践不仅仅是课程资源开发，而是从课程信息化设计、课程资源开发、信息化课程的"娱教"应用及信息化课程的体验性评价等多个维度综合考虑，全方位提升，是对课程的全面驾驭，是推进中小学落实新课程思想的过程，是实践新课程的信息化教学过程。

第四节　课程信息化的内容

课程是实现教育目的的重要资源，是组织教学活动的最重要依据，是集中体现和反映教育思想与教育观念的载体，是师生实现教学和学习的必备资源。因此，课程居于教育的核心地位，课程信息化是信息化教学的关键所在。课程信息化是在新课改背景下基于新课思想的信息化过程，课程信息化是对课程的第二次设计与开发，是为了从新课程理念、新课程目标、新课程结构、新课程内容、新课程实施、新课程评价及新课程管理的角度融入信息技术，实现高效的信息化教学，最终有效实现素质教育的过程。

一　基于新课程理念的课程信息化理论基础

课程信息化是一个系统的过程，也是一项复杂的工程，需要理论依据来支撑。首先，课程信息化的过程不是脱离新课程的基本理念和思想，而是进一步推进新课程改革和提升新课程价值的过程，对于新课程的核心理念和基本理论的理解是必不可少的。其次，随着信息技术的不断提升，信息传播方式、传播手段、信息传播速度、信息传播过程及信息传播效果都发生了前所未有的变化，因此新型的信息传播方式及文化传播理论是课程信息化的基础理论。同时，教育信息化发展有近20年的历史，技术与教育的融合、技术在教育中的应用等，从硬件环境建设

---

① 段蕾、荣晓旭：《新课程理念下的教师角色转换》，《吉林省教育学院学报》2011年第11期。

及软件资源开发、网络课程开发、信息化教学应用、信息化系统平台搭建、专题网站建设等方面都积累了丰富的经验，形成了系列化的科学理论。概括起来，课程信息化的基础理论主要有如下五个方面：

（1）教育学及新课改基本理论；

（2）教育心理学理论；

（3）教育传播理论；

（4）教育信息化理论；

（5）技术与教育融合的理论。

二　基于新课程目标的课程信息化内涵

（1）课程信息化的内涵：课程信息化的本质所在及课程信息化的具体措施，分析课程内容、设计课程资源、基于"娱教"的课程实施方案、基于情感体验的课程教学评价。

（2）课程信息化的概念：课程信息化就是以课程为主体，充分借助信息技术，遵照信息化教学设计的原则，在新课程思想指导下认真分析课程内容，深度挖掘课程内涵及特色，有效提升课程内驱力，尽力展现课程魅力和优势，实现课程价值的最大化，通过信息化课程的应用，促进教学的寓教于乐，有效实现新课程目标。

（3）课程信息化的特点：主体性、融合性、遵照性、创新性、提升性、过程性。

（4）课程信息化的条件：基础设施、信息技术条件、专业设计、信息资源开发、团队协作。

（5）课程信息化的基本模型：从具体技术、具体方法、具体内容着手，根据霍尔三维结构模型构建课程信息化模型，便于课程信息化的具体操作和实践。

三　基于新课程内容的课程信息化实践过程

1. 课程内容分析

（1）内容分析的目的；

（2）内容分析的方式；

（3）内容分析表。

2. 课程信息化设计与开发

（1）信息化设计的目的；

（2）信息化设计的思路；

（3）信息化设计样表；

（4）课程信息化开发技术；

（5）课程信息化开发策略。

3. 信息化课程的"娱教"应用

（1）信息化课程教学应用的目的；

（2）基于"娱教"的信息化课程教学法。

课前放松法、课中幽默法、课后回味法、实践体验法、互动激励法、数字虚拟法、协作共学法。

四　基于新课程结构的课程信息化理论模式及实践模型构建

（1）构建课程信息化理论模式的理论基础及思想来源；

（2）基于新课程结构的课程信息化模型。

五　基于新课程活动的课程信息化有效策略

（1）构建纵向一体化的课程信息化服务体系；

（2）构建横向多元化的课程信息化实施方案；

（3）借鉴"娱教"思维展现课程信息化优势；

（4）信息化课程需要融入人本理念。

六　基于新课程标准的课程信息化评价体系

（1）学习情感体验视角下的课程信息化评价思路；

（2）学习情感体验视角下的课程信息化评价方法；

（3）学习情感体验视角下的课程信息化评价体系。

第五节　国内外相关研究综述

一　国外关于课程信息化的相关研究

笔者用"course"、"course informationization"等词以关键词、主

题、篇名等在外文数据库进行了检索，检索到的文献非常少。但是关于信息化及教育信息化的文献比较多，而且国外关于教育信息化的研究无论是硬件设施还是软件资源开发，相对来说都已积淀了一定的基础，教育信息化理论比较系统也比较完善，教育信息化实施非常普及。[①]

（一）国外课程信息化研究现状

关于国外课程信息化以关键词"Course informatization"在 Elsevier SD 外文期刊库中进行模糊检索，检索到 8 篇期刊论文和 10 本电子书，通过详细阅读发现全部跟课程信息化的内容不相关，对于本课题的研究没有多少参考价值。如果以关键词"Course informatization"作为篇名进行检索，检索结果为零。由此可以判断，国外没有"课程信息化"这个提法。由于课程信息化的中文词对应英文翻译不确定，所以检索"课程信息化"难免有很大失误。但是，课程信息化的实质是关于信息化教学的研究，因此，从信息化教学的角度检索国外的研究情况，还是有大量的文献可以借鉴。从国外教育信息化的资料可以获取一定的信息，判断其是否是与课程信息化相关的研究。同时，从一些关于国外课程研究的中文期刊上获取一些相关研究资料，也使我们对国外教育信息化有了一定的了解。换一个角度，从各国教育信息化的进程及履历中可以看到他们国家课程信息化的影子。

韩国教育信息化现状：韩国作为教育信息化程度非常高的国家。首先，在政策支持方面连续制定了两个发展教育信息化的综合计划，第一个阶段注重信息化环境的建设，第二个阶段注重信息化人才的培养，目前非常重视课程信息化实施。[②] 其次，在硬件建设方面基本达到了普及。[③] 最后，特别是在学科课程教师信息技术应用能力培训方面非常重视，韩国在各市、道实施教师信息活用能力评价制度，在 2000 年，就对 16 个市、道总共 98000 余名教师进行了评价，占全体教师的 23.1%，并把评价结果反映在教师人事制度上，把应用信息技术的能力作为教师聘用、选拔和晋升的一个条件。在课程信息化资源建设方面也取得了非

---

① 王运武：《对国外教育信息化研究的回顾与展望》，《现代教育技术》2008 年第 4 期。
② 崔英玉：《韩国教育信息化最新发展战略及其对中国的启示》，《现代教育技术》2011 年第 12 期。
③ 李振英：《韩国教育信息化走势分析》，《中小学信息技术教育》2009 年第 1 期。

常显著的成效。① 韩国课程信息化给笔者的启示：重视基础环境建设，重点强调课程信息化教师的应用能力的培养，非常看重应用。而中国教师信息技术能力培养更多倾向于宏观层次的、普遍的通用技术的培养，没有专门针对学科课程信息化及其应用进行培训。

英国基础教育信息化的显著特点表现在重视资源建设，重视教师信息技术能力培训，重视学习者信息素养的提高。② 早在 2000 年英国"产业大学"的运作，就是政府借助信息技术使人们的学习方式发生了革命性的变化。它通过现代化的网络和通信技术，把学习者的需求和各类教育资源的供给及时而有效地连接起来。③

表 1 - 1　　　　　　　　　**英国课程信息化改革内容**

	改革前课程内容	改革后课程内容
教学材料	教材 95% 课外材料 5%	教学课件（光盘版和网络版本）70% 教学资料库 20% 网络教学资源 10%
教学模式	课堂教学 100%	课堂教学 50% 网络教学 50%
课程结构	讲课　75% 练习 15% 课堂讨论 10%	讲课 40% 网络自主学习 30% 课堂讨论 + 网络讨论 20% 练习 10%
考试评估	笔试　90% 平时成绩 + 出勤　10%	网络测试 20% 笔试 40% 平时自主学习效率 40%

资料来源：张涛、吴莉：《基于网络的高校英国概况课程信息化改革研究》，《黑龙江教育》2005 年第 10 期。

美国在基础教育信息化方面一直走在世界前列，在 2001 年 1 月，时任美国总统布什在题为《不让一个孩子掉队》的教育报告中，为 21

① 乔志鑫、刘力：《韩国高中学科课程信息化现状分析》，《辽宁教育行政学院学报》2008 年第 11 期。
② 王瑞香：《英国教育信息化的特点论析》，《外国教育研究》2006 年第 12 期。
③ 杨蕴敏、张茹、张霞、夏卫红：《国外教育信息化经验的借鉴》，《教育研究》2007 年第 12 期。

世纪美国信息技术的普及奠定基础。① 美国教育信息化发展的特点表现在标准化的政策与多元化的实施相结合，申请资助与学校的参与相结合，国家建立企业参与的机制，国家政策调节填补数字鸿沟，建立多方人员参与的教师培训模式，为教师提供有效的文本资源。② 印度基础教育信息化发展的特点表现在重视政策制度保障，通过教育信息化促进教育公平，政府将信息技术教育引入全国教学大纲，提倡社会各界广泛合作。日本在基础教育阶段既独立设课，又重视信息课程与其他课程的整合，从 2004 年起开始了"IT 学校"工作，很重视信息伦理道德教育，教师培训工作系统化。③

（二）国外课程信息化研究分析

通过以上资料我们可以看出国外在教育信息化过程中，没有课程信息化这个名词，但是这并不是说国外就没有课程信息化。通过相关文献资料分析，可以明显地看出国外对于信息资源建设和信息技术应用非常重视，其中在资源建设中就对课程信息化有所涉及，而且国外对课程信息资源的开发非常系统化、细节化，重视教学的适用和效用。这也是我们在课程信息化中应该借鉴的地方。当然，由于国内外课程本身的差异，使得课程信息化的方式、重点和难点都是有所差异的。课程的差异决定着课程信息化的差异。因此，我们不能完全照搬国外的思路，还需要根据中国的教育特点和特色，结合中国教育实际情况探索中国课程信息化的新出路。同时，国外关于教育信息化研究方法的多重性和多样化，以及由实证研究转向发展研究的思路对中国课程信息化建设也有很大借鉴作用。④

二 国内关于课程信息化的相关研究

中国教育信息化起步比较晚，但是发展速度非常快，相关研究资料

---

① 刘晓宏：《美国教育信息化发展及启示》，《教育与职业》2010 年第 19 期。

② 周敦：《美国教育信息化的发展及对中国的启示》，《社会纵横》（新理论版）2009 年第 2 期。

③ 陈伟、雷欣欣：《国外基础教育信息化进程对中国的启示》，《贵阳学院学报》（社会科学版）2009 年第 1 期。

④ 钟志贤、刘春燕：《论国外信息化教育研究的发展走势》，《外国教育研究》2005 年第 9 期。

积累已经非常丰富①。

（一）国内课程信息化研究现状

以篇名含有"新课程信息化"检索结果为 0 篇。以篇名含有"课程信息化"关键字在 CNKI 资源库精确检索近 10 年来的论文数量统计如表 1－2，检索时间：2012 年 1 月 4 日（第四次检索）。

表 1－2　　　CNKI 资源库 2000 年至 2010 年　核心期刊上：关于
课程信息化期刊论文统计 42 篇　　　　　　（单位：篇）

2001	2002	2003	2004	2005	2006	2007	2008	2009	2010	2011
0	0	0	2	4	6	3	6	10	8	3

CNKI 资源库 2000 年至 2010 年　优秀硕士论文：关于课程信息化硕士论文统计 3 篇

2001	2002	2003	2004	2005	2006	2007	2008	2009	2010	2011
0	0	0	0	0	0	1	2	0	0	0

CNKI 资源库 2000 年至 2010 年　优秀博士论文：关于课程信息化博士论文统计 0 篇

2001	2002	2003	2004	2005	2006	2007	2008	2009	2010	2011
0	0	0	0	0	0	0	0	0	0	0

（二）国内课程信息化研究分析

通过以上表格对课程信息化相关文献的统计，可以明显看出关于课程信息化研究具有以下几个特点：

第一，研究数量较少。以题名中含有核心词"新课程信息化"进行精确检索，检索结果为零；以题名中含有核心词"课程信息化"进行精确检索，CNKI 资源库中期刊近十年的论文中有 42 篇，硕士论文有 3 篇，博士论文还没有相关研究。因此，仅从数量角度来看，对课程信息化的研究还是比较少。课程是教学中的关键要素，也是联系教师和学生的核心元素，是教师和学生共同学习的主要对象。但是，在信息化教学实践中，课程信息化有被忽视的感觉，有被多媒体课件替代的嫌疑，有自由发展的迹象，所有这些都说明课程信息化处于不规范的发展势

---

① 南国农：《中国教育信息化发展的新阶段、新使命》，《电化教育研究》2011 年第 12 期。

态，研究数量严重不足，关注力度不够。

第二，研究重心倾向于高校课程的研究。在查阅的有关联的 42 篇文献中，仅有 1 篇论文是关于中学的：《中学物理课程信息化可行性浅析》（安徽省合肥市第四十五中学，作者是傅煜，发表于《才智》杂志），占总研究量约 2.4%，同样仅有 1 篇论文是关于幼儿教育的：《论幼儿园园本课程信息化建设的特点》（华北油田公司华丽综合服务处南区幼儿园，作者是李莲，发表于《科技信息》杂志），也是仅占研究总量的 2.4%，而大部分是关于高等教育课程及中等职业教育课程信息化研究，占总研究量的 95.2%。中国基础教育规模庞大，教育任务艰巨，相关研究却非常少，这是教育研究领域很大的缺憾，而高校课程和基础教育课程有着很大的区别，信息化环境和条件也有着很大的不同，不能以同样的方式或策略来解决不同的问题。

第三，研究重点倾向于课程形式的变化。信息技术与课程整合始终想方设法用信息技术来统领课程、改变课程，忽视了课程本身在教育教学中的地位和作用，使得技术在课程中的作用被神化，甚至是被异化，仅仅停留在课程形式的改变上，没有考虑到课程本身的内涵和意义。信息技术应用于课程，不能仅仅是简单的工具来改变课程的形式，而是要把信息技术作为课程升华的基点，作为课程创新的利器，作为课程特色的优势。简而言之，就是信息技术融入课程不留痕迹，但是却提升了课程自身的价值和意义。

第四，研究的本质更多是课程的资源设计与开发。课程信息化与课程资源设计与开发有着本质的区别，前者是以课程为主体，在分析课程内容的基础上，根据具体内容看需要什么样的信息化方式，需要什么样的信息化媒体，需要什么样的信息化教学策略，是从设计构思到开发应用一体化的系统过程。而课程资源设计与开发主要是根据课程本意开发其教学辅助资源或者扩展资源，不一定跟课程体系严格对位和配套，而是具有很大的随意性。课程信息化是挖掘课程、设计课程的过程，更加规范，更加浓缩，重点更加突出，教学应用更加实用。

第五，研究内容不够系统。研究内容倾向于某一学科的某一篇课文，宏观探讨比较多，很少涉及完整的一门课程及其各个具体章节内容的详细设计与分析。比较宏观的探讨有一定指导意义，但是对于具体内容来说不是千篇一律的，而是有变化的，没法照搬于所有的内容。个别课文的信息化探讨只是一个案例，不能应对所有内容。基于此，对于课程比较完整和系统化的研究还需加强。

第六，研究层次基本停留在一般期刊论文探讨阶段，还没有博士论文深入、全面、系统的对课程信息化有所研究。在检索到的直接相关的 42 篇期刊论文中，核心期刊论文只有 8 篇，占总数的 19%，其中《电化教育研究》2 篇，《中国电化教育》2 篇，《中国远程教育》2 篇，《艺术百家》1 篇，《黑龙江高教研究》1 篇。因此，关于课程信息化的研究相对来说还是处于最初阶段的探讨，研究还有待进一步的深入。同时，关于课程信息化的教学应用几乎没有相关研究，也就是说课程信息化理论研究和应用研究还处于分离阶段，没有实现二者的有效接轨和一体化。因为课程信息化程度是一个方面，应用更是关键的另一个方面，设计再好的信息化课程，没有得到很好的应用，其优势就得不到很好的发挥，自然达不到预期的效果。

第七，研究方法主要停留在文献研究和事实论证上，没有看到相关的实证调查研究。课程信息化需要理论探讨，这是肯定的答案，但是不能仅仅停留在理论探讨上，需要通过实证研究来考察信息化课程的应用状况，来获取教师、学生、媒体等在信息化中跟课程的关系、关联及实际状况，然后取得实际数据作为分析的依据，判断问题的症结，来进行更加有针对性，更加切合实际的论证，这样的论述才会有据有理。因此，借助问卷调查，观察访问，座谈，听课，对比实验等来实现课程信息化的实证研究是很重要的方法。

第八，从研究趋势上看，近年来，课程信息化逐步得到专家和学者的重视，研究论文数量有增长趋势，研究层次逐渐提升，研究焦点越来越集中。笔者参加了几次教育技术专业的学术会议，在会议上有多位专家曾重点提示信息技术要深入课程，走具体化、实践化、微型化的研究道路。笔者自己深深感觉到教育技术在信息技术的应用中脱离了教育本身，脱离了课程本身，将过多的关注点集中在宏观探讨上，集中在学生学习的研究上。无论是基于教室的课堂教学还是基于网络的远距离教学，或者基于学习者的个别化教学，都离不开课程，课程是联系师生关系的桥梁，也是师生共同面对的具体对象，其在教育教学过程中有着非常重要的作用。因此，信息化首先要实现课程的信息化，以课程信息化为先导，促进教学信息化，这是提升信息化教学效果的最有力的抓手。

三 国内外关于课程信息化相关研究分析

从总体来看，国外信息化教学环境建设比较完善，非常重视课程信息化资源的设计与开发，对于资源的具体应用研究非常重视，取得了大量的实践性研究成果。这是值得国内关于课程信息化研究借鉴的地方。国内关于课程信息化的研究非常少，对于课程信息化的概念界定没有与新课程建立联系，基于新课程的课程信息化实践研究还没有相关期刊论文和学位论文等成果。基于此，本书研究如何充分借助信息技术的优势来实践新课程，实现二者的优缺互补。这个过程既有利于提升信息化教学水平，也有利于实现新课程目标，以此来构建课程信息化的理论体系及实践模型，助推信息化教学走向深入发展。

第二章

基于新课程理念的课程
信息化理论基础

第一节　新课程改革及新课程理念

一　新课程改革概述

为了贯彻和落实《中共中央国务院关于深化教育改革全面推进素质教育的决定》和《国务院关于基础教育改革与发展的决定》，教育部决定，大力推进基础教育课程改革，调整和改革基础教育的课程体系、结构、内容，构建符合**素质教育要求**的新的基础教育课程体系。[①] 1996 年，教育部基础教育司组织有关专家，对 1992 年以来的义务教育课程实施状况进行了一次全国性的调查，调查了 9 个省、市的城镇、农村的 16000 多名学生、2000 多名教师、校长和全国政协教科文卫委员会的大部分委员。通过这次调查，梳理了中国现行基础教育课程体系存在的问题，以解决问题为前提，中国第八次基础教育课程改革于 1999 年正式启动。1999 年 1 月，国家成立了基础教育课程改革专家工作组，2000 年 1 月，北京师范大学、华东师范大学等 8 所师范大学先后成立了"基础教育课程改革研究中心"，开始启动国家基础教育课程改革项目，接着通过招标和评审，确定了首批 34 项国家基础教育课程改革的项目组。2001 年 6 月正式颁布了《基础教育课程改革纲要（试行）》，2001 年 7 月基础教育课程改革进入试点实验阶段。如今，基础教育课程改革已进行了十个年头，范围由试点学校向全国普及，层次由最初的中小学已经"蔓延"到如今的高中。这次课程改革力度大、

---

① 《中国教育报》2001 年 7 月 27 日第 1 版。

速度快，实现了中国中小学课程从学科本位、知识本位到**学生本位**的转变，更关注学生的发展。

根据教育部《基础教育课程改革纲要（试行）》[1]，新一轮基础教育课程改革（第八次基础教育课程改革）具体目标在于六个方面：第一，课程目标方面，改变课程过于注重知识传授的倾向，强调形成积极主动的学习态度，使获得基础知识与基本技能的过程同时成为学会学习和形成正确价值观的过程。第二，课程结构方面，强调不同功能和价值的课程要有一个比较均衡、合理的结构，符合未来社会对人才素质的要求和学生的身心发展规律。突出的是技术、艺术、体育与健康、综合实践活动类的课程得到强化，同时强调课程的综合性和选择性。第三，课程内容方面，改变课程内容"难、繁、偏、旧"和过于注重书本知识的现状，加强课程内容与学生生活以及现代社会和科技发展的联系，关注学生的学习兴趣和经验，精选终身学习必备的基础知识和技能。第四，课程实施方面，改变课程实施过于强调接受学习、死记硬背、机械训练的现状，倡导学生主动参与、乐于探究、勤于动手，培养学生搜集和处理信息的能力、获取新知识的能力、分析和解决问题的能力以及交流与合作的能力。第五，课程评价方面，改变课程评价过分强调甄别与选拔的功能，发挥评价促进学生发展、提高和改进教师教学实践的功能。第六，课程管理方面，以前基本上是国家课程、教材一统天下，现在强调国家、地方、学校三级管理，充分调动地方和学校的积极性，增强课程对地方、学校及学生的适应性。

二　新课程理念解析

新一轮基础教育课程改革中，从改革理念的角度进行分析，主要是把过去的**学科本位、知识本位**改变成**学生本位**[2]；特点表现在：第一，这是一个由"物"到"人"的转变，转变的是物化的教育理念，体现的是生本的教育思想。传统教学中在一定程度上把受教育的人当作

---

[1]　《基础教育课程改革纲要（试行）》，（教基［2001］17 号）（http：//www.moe.gov.cn/publicfiles/business/htmlfiles/moe/moe_ 309/200412/4672.html）。

[2]　《基础教育课程改革纲要（试行）》，2001 年 6 月 8 日（http：//www.moe.gov.cn/publicfiles/business/htmlfiles/moe/moe_ 309/200412/4672.html）。

"物质的人"来看待，如同改造物体一样使其成为自己需要的东西，正因如此，"灌输式"的知识传递也就自然而然了。新课程中把学生看做活生生的人来对待，尊重儿童的认知规律和学习特性，在此基础之上寻找科学的方法让学生感受学习、体验学习、学会学习、喜欢学习，显现了教育的本质内涵。第二，这是一个由"知识人"到"文化人"的转变。学科本位、知识本位的教育是培养"知识人"的教育，是扫盲式的教育，重视知识的传输，实现的是从无知识到有知识的转变，不在乎学习过程，只重视学习结果，忽视了人的学习体验和感受。新课程中学生本位的教育是培养"文化人"的教育，融入的是教育内涵，展现的是文化素养，特别重视学习过程，注重引导学生把知识转化为智慧，提升为能力，培养的是"全人"。第三，这是一个由"苦"到"乐"的转变。新课程扭转了以往在人们头脑中已成定式的"学海无涯**苦**作舟"①、"没有**苦**哪有甜"中"**苦**"的精神支柱，开始关注寓教于乐中"乐"的精神领会，开始进行"娱教"的尝试。第四，这是一个由"考"到"评"的转变。新课程理念的转变，是从"应试"和分数决定一切向综合能力和素质教育的转变，重视发展性评价、形成性评价、过程性评价的综合测评。有的学校开始大胆尝试取消考试，用综合评价来考核学生的发展，而不再把成绩作为唯一的升学标准。

具体到课程细节，对六个具体目标转变的解读②：

第一，目标维度立体化。课程目标转变是把原来一维的知识目标体系转化为知识与技能、过程与方法、情感态度与价值观的三维一体化的立体目标体系。③ 目标改变正如茫茫大海中海船的风向标一样，一点点的偏移都会带来方向性的改变，方向的改变预示着航道的改变，航道的改变预示着旅程及目的地的远离。因此，新一轮的基础教育课程改革使其目标距离最终的素质教育目标更加靠近，更加吻合。基本知识和技能

---

① 百度百科（http: //baike. baidu. com/view/2297043. htm? fr = aladdin），该句出自著名文学家、唐宋八大家之首的韩愈，是其治学名言，旨在鼓励人们不怕苦多读书。

② 曹俊军：《反思与构想：中国基础教育新课程改革研究》，湖南师范大学博士学位论文，2008 年，第 57 页。

③ 乌焕焕、和学新：《新课程目标的问题检视与改进》，《教育科学研究》2011 年第 1 期。

作为基本的学习元素，不再是死背硬记，更不是在强制和压迫下被动接受，而是讲究认知的过程，更讲究获取知识和掌握技能的方法，轻松的学习过程和科学的方法不仅能提高教学与学习效率、效果，更重要的是关注到了学习者的学习体验和学习感受，轻松的学习感受和快乐的学习氛围使得学生形成积极、乐观、上进的人生态度，这对于学生认识学习、解决问题、发展自我等方面都具有无可估量的长远意义，也是学生形成正确的人生观和价值观的基础。

第二，结构设置平衡化。课程结构方面的转变是把原来的比较单一的学科科目进行系统化整合，最大限度实现综合课程与分科课程、理论课程与实践课程、学校课程与经验课程、国家课程与地方课程之间的平衡与协调。[①] 并把技术、艺术、体育、健康等元素融入新课程，使得新课程具有课程门类齐全、课时比例恰当、课程组合均衡、课程元素多样、课程艺术显现、课程技术精致、课程内容精湛、课程形态环保等特点。

第三，内容选择简洁化。课程内容删去偏、繁、旧、难的内容，选择贴近生活、来源于生活、反映生活现实、具有时代气息、富有高级趣味、蕴含传统经典、符合学生经验的课程内容。[②] 新课程内容的简单化不等于降低标准，也不等于简化，而是把知识点以更加有趣味，更加通俗易懂，更加适合学生学习和认知方式融入课程内容，使得课程内容在科学、准确的基础上更具有人本思考和人文特点，更具有艺术美感和文化内涵，更具有严格标准和地域特色。死板的课程内容极易引起学习者的厌烦，富有特色与活力的课程内容就会吸引学生的学习兴趣，使他们情愿自主钻研。

第四，课程实施娱乐化。课程是连接师生的共同桥梁，是师生沟通的重要依据，对于教师来说是教，对于学生来说是学，课程的实施就是教师将课程内容传授给学生的过程。传统教学中古板的课程模式加上传统的教学思维形成了定式化的严肃教学，教师教得辛苦，学生学得劳累。[③] 新课程实施就是要改变以往的"苦"教，在挖掘课程娱乐属性的基础上，教学中

---

①　张艳：《新课程结构的综合性解读》，《才智》2010 年第 12 期。

②　李凌：《新课程内容的特点及选择原则》，《怀化学院学报》2008 年第 5 期。

③　伍军：《高中化学新课程实施的问题与对策分析》，《现代阅读》（教育版）2011 年第11 期。

融入娱乐元素，实施乐教乐学的过程。苦乐虽然只有一字之差，但其反映出来的教学精神和学习状态是不一样的。"苦"教中，虽然推广的是中国人传统习俗中吃苦耐劳的精神，但用在教学和学习中实在不恰当，教师的教学应该是勤劳但不要辛苦，同理，学生的学习应该是勤奋，但不要辛劳，所以我们应该颠覆一下"学海无涯苦作舟"的理念，因为学习者感觉到"苦"，就说明其处于被动状态，被动的学习难以引起学生的积极思考，更不可能激发学生的创造性思维，这样的情绪如果长期积累，就会导致学生厌学，甚至最终弃学。由"苦"转变为"乐"的实施过程，就是被动与主动之间的转化，是"要我学"到"我要学"之间的转化。

第五，结果评价综合化。在新课程中改变了以往的教学通过评价来进行好坏甄别和升级选拔，而是从评价方法上更注重科学化，质性评价和量的评价结合使用；① 从评价范畴上更注重全面化，不再以最终的一次性考试进行一锤定音，而是将诊断性评价、过程性评价和总结性评价结合使用，将学生的成绩、学习参与、平时的表现、道德品质等因素综合考察；从评价的作用上更注重发展化，评价更多是为了以评促建，评价的依据是为了下一步得到更好的发展。

第六，课程管理多样化。新课程改变过去大一统的国家教材，开始实行国家课程、地方课程和校本课程相结合的管理体系，尊重了课程的多样性，提供了课程的选择性，兼顾了课程的特色性。② 这是新课程管理体系的新机制，是与新课程理念相配套的保障体系。

三　新课程目标实现

新课程确定了知识与技能、过程与方法、情感态度和价值观的三维目标。

（一）基于信息技术的多媒体感知学习——"知识与技能"目标的实现

任何学习、任何创新都是以一定的知识为基础的。新课程虽然改变

---

① 杨新宇：《西部高中新课程评价改革面临的问题和对策》，《教学与管理》2012 年第6 期。
② 胡楠：《新课程管理体制刍议》，《辽宁教育行政学院学报》2009 年第6 期。

了以往以知识和课程为本的理念，注重以学生为本，但并不否定知识的基础性作用，只是强调要改变知识的获取方式。死背硬记可以获取知识，轻松愉快地主动探究也可以获取知识，何不选择后者呢？课程信息化的本质就在于激发学生的主动求知、积极探究、轻松获知。因为信息技术能够集文本、图形、图像、声音、动画和视频于一体，对同一知识点，同一种技能运用不同的信息再现形式，把传统课程中的文字变成有声有色的情境，把课程中的事件变成情节化的剧场，把课程中的设想变成虚拟的再现，能够以更加接近信息实物本源，真实、自然、直观、艺术的方式让学习者感知和探究，便于学习者的理解和记忆，将有助于提高对知识和技能的认知。

（二）基于信息技术的虚拟实践学习——"过程与方法"目标的实现

基于信息技术的虚拟实践可以把课程中的知识过程和操作方法展现给学生，如讲授发动机的工作原理时，虽然在课堂上没有办法打开发动机进行演示，但可以做成动画模拟工作过程，使发动机的工作原理和操作方式展现得非常清楚。在课程信息化中，开发教育游戏，可以模拟内容情境，构造情节过程；开发虚拟实验，可以展现现实中无法完成的实验过程；开发虚拟3D，可以体验梦幻场景等。所有这些，都是信息技术融入课程的最大优势，带给学生的不再是结果和结论的死背硬记，而是学习过程的参与和互动，是在学习的同时领悟认知的方法，感受学习的过程。

（三）基于信息技术的情境体验学习——"情感、态度和价值观"目标的实现

在新课程三维目标中，情感目标是新课程区别于传统教学目标的最大亮点，情感目标的实现直接影响着学生的身心健康，影响着学生健全人格的培养、学习效果的高低、创新能力的大小等。人不分男女、职业和老少，他们都是有感情的，因此情感教育是学校教育不容忽视的问题。古代有着"头悬梁、锥刺股"的典故①；唐宋八大家之首的韩愈的

---

① 百度百科（http://baike.baidu.com/view/1654906.htm? fr = aladdin），"头悬梁，锥刺股"出自于《战国策·秦策一》："（苏秦）读书欲睡，引锥自刺其股。"《太平御览》卷三百六十三引《汉书》："孙敬字文宝，好学，晨夕不休，及至眠睡疲寝，以绳系头，悬屋梁。"释义：形容刻苦学习。

治学名言：书山有路勤为径，学海无涯**苦**作舟。诸如此类的教育典范不在少数，从积极的意义考虑这样是鼓励学生勤奋学习的过程。但也不能忽视传统教育中的这些激励措施存在情感教育缺失的事实，过度重视了"苦"练，忽视了情感教育的积极作用。"苦"教思想从积极的角度考虑，会培养学生勤奋的精神，但是忽视了"乐"教的情感教育的作用。学习者长期处于痛苦的学习过程中，精神受到压抑，会导致身体不适或者心理问题。要避免传统教育培养人才的弊端，必须从情感发展的早期开始，即学校在课堂教学中注重发展学生良好的情感品质，以积极的情绪氛围感染学生，让学生在"乐"教的过程中享受学习，以此发展学生完整的人格。

新课程以学生为本，非常重视学习者的学习体验。信息化课程能够创设情境，以情境吸引学生；能够融知识于游戏中，以游戏"娱乐"学生；能够把教师的特色和创新以个性化的信息形式再现，实现寓教于乐。所以，借助信息技术可以转变课程功能、创新教学内容、改进教学方法、提升教学内涵。在基于新课程理念的课程信息化方法之下，课程不再只是文字资料的呈现，而是有情有景、有山有水、有艺术美感、有文化内涵、有思想精华的新课程，重在激发学生的情感认知、情感体验和情感领悟。在学习过程中，学生动了"真情"，就会融入情境、体验情境，感受到学习的乐趣，就会积极思考，主动求知。这种快乐的学习体验一旦形成，就不再把学习当作任务或者痛苦的历程，而是成了每个人一生中追求进步和积极上进的快乐体验和快乐享受，长此以往的快乐态度、积极人生，可以形成一个人正确的价值观和人生态度。新课程的发展需要信息技术的支撑，需要信息化的教学环境，信息化课程是未来教学中课程的必然趋向。同时，信息化教学需要向新课程靠拢，需要为新课程改革服务，需要融入新课程，课程的信息化更有利于实现新课程的目标。

第二节　课程信息化理论基础

课程信息化是在课程理论积淀的基础上，在信息技术发展与应用的实践中寻求基于信息技术的课程内容设计、开发、应用和评价的理论与实践。但是，课程信息化不仅仅是课程本身和技术本身的问题，这是一个涉及教学与学习过程的问题。既然是关于教学和学习的问题，就必须要有教学理论、学习理论、信息加工、处理和传播等相关理论支撑。

一　课程信息化之教育学基础

教育是广泛存在于人类社会生活中的普遍现象，是有目的地培养社会人的活动。教育学是以教育现象、教育问题为研究对象，归纳总结人类教育活动的科学理论与实践，探索解决教育活动产生、发展过程中遇到的实际教育问题，从而揭示出一般教育规律的一门社会科学。课程是教育教学的主要内容，连接着教师、学生、教学媒体等核心要素，它们之间有着密不可分的必然联系。课程信息化是对课程的提升，是对课程的优化，是对课程功能的增强，但并不能改变课程的性质，必须遵循课程本质，遵照课程依据，遵守课程的教育学意义。因此，教育学对课程信息化的理论意义在于①：

第一，教育的本质是课程信息化的灵魂。教育的本质是通过教的过程来实现育人，育人的目的是服务社会，服务社会的结果是促进社会的进步和发展。课程是这一过程的内容体系，也是这一过程的必然要素，课程的信息化是通过信息手段挖掘课程内涵，展现课程特色，发挥课程特长，最大限度实现课程作用的过程。信息化的结果不在于有多高超的技术，有多华丽的动画，而在课程教育学价值的最大程度体现。脱离课程教育学意义及教育学价值的课程"信息化装饰"必然导致主旨的偏离，强调外在形式的变化而弱化课程教育学价值的意义。虽然课程有了华丽的"数字外衣"，却失去了传统的精神灵魂，对课程内涵没有本质性的提升。从公元前约403—221年的《学记》作为世界上最早专门论述教育问题的著作算起，至今已有两千多年的历史积淀，发展成了具有完整体系的教育学学科，形成了相对稳定经典的成熟理论体系，对于课程的建设和发展有着重要的指导意义。所以，教育学作为课程信息化的理论基础是必然的，课程信息化不能离开教育本源，不能脱离课程的教

---

① 王树华：《现代教育技术的哲学思考》，成都理工大学硕士学位论文，2010年，第5页。

育学作用，不能盲目地拓展甚至是偏离课程本质，玩数字表象。课程的内容体系、逻辑关系、知识结构都是课程信息化中所必须遵循的核心基础，其实质就是深入挖掘和展现课程的本质内涵。

第二，教育的方法是课程信息化创新的根据。教育学关于教育教学的方法已经形成了方法论体系。教学方法论由教学方法指导思想、基本方法、具体方法、教学方式四个层面组成。课程不是独立体系，在教育教学过程中，课程的教学应用就是在教育学方法思想的指导下，运用教学方法实现教学内容传递的过程。课程信息化在遵循基本教育学方法的同时会对原有教学方法进行创新和完善，最基本的教育学方法是课程信息化创新的基础，也是课程信息化创新的依据，在融入新的技术和信息手段元素后综合考虑各方面的因素，对教育学方法进行拓展性改进，使得课程在教育教学实践中的应用更加有效，更加高效。

第三，教育的目的是课程信息化的追求。教育的目的是把受教育者培养成为一定社会需要的人，是根据一定社会的政治、经济、生产、文化科学技术发展的要求和受教育者身心发展的状况确定的。它反映了一定社会对受教育者的要求，是教育工作的出发点和最终目标，也是确定教育内容、选择教育方法、检查和评价教育效果的根据。课程是教育教学过程的基本元素，各个元素结合而成一个整体，发挥系统功能和作用就是实现预期的教育目的。课程是教育教学过程中的课程，从现实意义来看课程的信息化是为了更好地实现课程教学目标，从长远意义上来看也是实现教育目的的过程。因此，教育学作为课程的宏观系统，对于课程信息化的方向和意图有着规定性的指导作用。

第四，教育的问题是课程信息化的关键。课程系统作为教育学系统的子系统，所有教育所要克服的问题与课程有着必然的联系，因为课程是教育过程中的内容，其指向、作用和功能直接影响着对问题的解决程度。课程信息化针对教育问题，分析课程内容，研究课程优化策略，提升课程功能和价值，这不仅仅是对课程本身的研究与优化，也是针对教育问题的具体情况，探讨解决教育问题的过程，解决教育基本问题也是课程发展的根本意义所在。

二　课程信息化之心理学基础

教育心理学研究教育和教学过程中的各种心理现象及其变化，揭示在教育、教学影响下，受教育者学习和掌握知识、技能、发展智力和个性的心理规律[①]；其对于人类认知原理、认知过程、认知动因、认知影响因素、认知策略、认知情感、认知水平等方面的研究有助于课程信息化中通过信息手段更好的服务于学习者的认知过程，更符合学生的学习认知特性，发挥出课程最大的潜在能力和价值，从而达到课程优化，提升教学。比如建构主义心理学注重学习者的思维过程和思维方式，认为知识是个人经验的重组，学习是一个人运用已有经验主动建构的过程。同样人本主义心理学主张学习者思维、情感和行动的整合。基于此，课程信息化过程中将学习者认知原理及认知层次、认知情感和认知态度等跟信息化思维有效地结合起来，使课程信息化的实践活动顺应了学习者认知心理的需求。[②]

第一，教育心理学关于人的认知原理（认知、智力、思维、心理的发生和结构）研究为课程信息化的设计提供依据。人类的学习认知过程是一个非常复杂的过程，教育心理学对人类认知研究经历了行为主义、认知主义和建构主义阶段，对人类的认知过程由注重外在行为变化的研究到注重人的内在心理反应的发生，再到注重人的学习情感因素的变化这一过程，虽然历经争鸣和批驳，最后还是达成了基本的共识，即人类的学习过程，既有内在的心理反应，也有外在的行为变化，情感态度对学习也有着直接的影响。[③] 基于此，课程信息化对于课程的设计要符合人类的学习认知规律，从内容的深度、难度、表现形式、认知方式等在设计上要注重引起学习者的内在心理反应，符合学生的学习情感接受性，这样课程信息化过程才不至于违背学习者的认知规律，对课程的优化和提升起到真正的作用，而不是起到干扰作用。

---

① 赵春雷：《教育心理学在数学教学中的应用》，《中学生数理化（教与学）》2011 年第8 期。

② 李海燕、马超：《教育心理学综述》，《内蒙古师范大学学报》（教育科学版）2011 年第 4 期。

③ 李志锋：《电化教育与教育心理学》，《外语电化教学》1989 年第 4 期。

第二，教育心理学关于人的感知通道（视、听、嗅、味、触）研究为课程信息化的符号表达方式提供依据。通过教育心理学研究，人类感知信息的主要通道是视、听、嗅、味、触，而且在这几大感官中，人类靠视觉和听觉获取信息的比例最大。另外，人类感知信息时，接受多感官的刺激更容易引起注意和接受。正因为如此，课程信息化中把知识点的表达转换为文本、图形、图像、声音、动画和视频等符号形式，特别注意直观视觉及视听相结合的符号表达形式，注重视觉的美感和听觉的真实感，注重动作的生动感和视频的真实感，以此来转化和优化信息的表达形式，突破传统教学中的单一文字抽象表达，通过多感官、多媒化、多样化、综合化的信息化表达与传递来提升人们感知信息的效率。所以，信息化环境下的课程信息化实践过程中，所有的信息表达形式都必须遵循人类感知的规律，只有在符合人类感知规律的基础上更进一步挖掘或者变换信息表达形式，才能更加有效提升学生感知的效率。否则，基于复杂技术的信息表达形式转换对于教育信息的感知没有作用，甚至是哗众取宠、华而不实。

第三，教育心理学关于人的认知情感研究为课程信息化的开发提供依据。[①] 教育心理学关于人的情绪、情感、兴趣、爱好等方面有着深入的研究，为人们了解人类的学习情感及情绪提供了重要的理论依据。人是有感情的生物，情感、情绪的变化对学习和认知有着直接的影响。基于此，课程信息化中对课程的信息化开发尽可能在符合人类认知规律的基础上通过技术手段融入艺术元素，比如资源开发中：友好的界面布局、文本形式多样展现、画面生动逼真再现、情境真实感人、动画完美的过程表达使得课程的作用不再仅仅是知识内容的呈现，而是有艺术美感、有视听震撼、有音乐欣赏、有动画演示、有操作互动，一种克服传统教材比较单一的抽象文字方式的全新电子化多媒体课程开发，更适合学习者的学习情感和情绪要求，能够激发学习者的学习积极性，引起学习者的学习热情，学习不再是那么的枯燥无味，而是生动逼真，有声有画，有趣有味的轻松过程。

---

① 王雪梅：《从认知情感角度解析网络外语教学环境下的意义学习》，《电化教育研究》2006 年第 9 期。

　　第四，教育心理学关于人的认知策略研究为课程信息化的应用提供依据。[①] 教育心理学关于人类学习的认知方式研究，揭开了人类学习认知习惯及认知特征，虽然每个人都有自己的个性，但是也存在着更大程度上的共性。比如大家都追求轻松愉快的学习过程，教师都希望能够做到寓教于乐。这为我们课程信息化中如何研究学习者，了解学习者，分析学习者的学习风格，提供了重要的理论指导。基于此，信息化课程的教学应用就要做到最大限度的迎合学习者的学习认知方式，信息化课程的"娱教"应用可以考虑课前放松法、课中幽默法、课后回味法、实践体验法、互动激励法、情景陶冶法、数字虚拟法等引导学生的探究学习、协作学习、研究性学习等，使信息化课程的作用和意义得到展现。因为信息化课程设计得再好，如果不能很好的应用，其设计效果就没有意义，得不到发挥，设计和应用二者是一个统一和紧密联系的过程。

　　第五，教育心理学关于人的认知阶段研究为课程信息化的分类提供依据。[②] 瑞士著名心理学家、发生认识论创始人皮亚杰（Jean Piaget，1896—1980）提出了认知发展阶段论（theory of cognitive development stage），他把认知发展分为 4 个大的阶段。第一阶段为感觉运动阶段（0—2 岁），这一阶段的儿童只能依靠自己的肌肉动作和感觉应付外界事物。第二阶段为前运算阶段（约 2—7 岁），这一时期的幼儿只能以表象进行思维，他们的思维是表面的、原始的和混乱的。第三阶段为具体运算阶段（约 7—11 岁），在这一阶段，儿童形成了初步的运算结构，出现了逻辑思维。但思维还直接与具体事物相联系，离不开具体经验，还缺乏概括的能力，抽象推理尚未发展，不能进行命题运算。第四阶段为形式运算阶段（约 11　12 岁），到这一阶段，个体形成了完整的认知结构系统，能进行形式命题思维，智力发展趋于成熟。对心理认知阶段的研究为课程信息化的层次提供了充分的依据，不同年龄阶段的对象，具有不同的认知特点，信息化课程的设计难度、结构布局、色调搭配、动画设计、情景安排、故事编写等都要符合相应阶段学习者的认

　　① 　白雪：《谈教育心理学在实践教学中的具体运用》，《时代教育（教育教学）》2011 年第 7 期。

　　② 　郭佳伟：《皮亚杰发生认识论研究》，河北大学硕士学位论文，2011 年，第 8 页。

知特点，否则信息化的课程必败无疑。比如对幼儿课程信息化更注重教育游戏的设计与开发，适合孩子学习认识的需求；对于小学生，课程信息化在融入教育游戏的同时，幽默的语言表述及具有情节的角色扮演等更适合其认知特点；对于中学生，课程信息化更注重探究情景、协作情景的设计，融入娱乐元素，但有一定的认知难度，比较适合他们的认知特点；对于大学生，课程信息化更注重研究情境设计，原理过程模拟等有深度的逻辑思维锻炼，引导学生形成自己的独立思考和解决问题的能力，更加符合其认知特点。

第六，教育心理学关于人的信息加工研究为课程信息化的活动设计提供依据。[①] 20 世纪最有影响的著名教育心理学家之一加涅认为，学习是一个有始有终的过程，这一过程可分成若干阶段，每一阶段需进行不同的信息加工（见图 2－1）[②]。

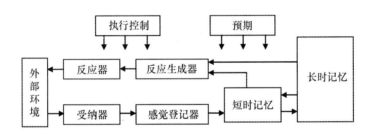

图 2－1　加涅的信息加工理论模型

从该模式中可以看到，学习者从自己所处的环境中接受刺激，这些刺激作用于受纳器，并转化为神经信息。信息进入感觉登记器，在百分之几秒钟内完成信息登录，由于选择性注意和选择性知觉的缘故，有些信息被登记了，其余的则很快消失。被感觉登记的信息很快进入短时记忆，并在这里持续二三十秒钟。[③] 短时记忆中的信息经过编码过程进入

① 徐晓雄、桑新民：《教育技术学视野中的加涅思想研究》，《电化教育研究》2003 年第 10 期。

② R. M. 加涅、L. J. 布里格斯、W. W. 韦杰：《教学设计原理》，皮连生、庞维国等译，海东师范大学出版社 1999 年版，第 9 页。

③ 刘旭峰：《不同刺激属性的短时记忆》，《第四军医大学学报》1997 年第 5 期。

长时记忆。使用长时记忆中的信息，需要经过检索才能提取。被提取出来的信息可以直接到达反应发生器，产生反应；也可以再回到短时记忆，对该信息的合适性做进一步考虑，从而决定是进一步寻找信息，还是直接通过反应器做出反应。在此模式中，执行控制和预期是两个重要的组成部分，它们可能影响信息加工中的所有阶段。这一认识对于课程信息化过程中的活动主题设计、活动组织形式、活动环节安排、活动执行过程、活动价值判断有重要的指导意义，我们所进行的课程信息化必须符合人类信息加工处理过程，只有选择符合学习者认知的信息知识，加工成符合学习者感知的信息形式，才能给予学习者学习刺激，引起学习者的学习反应。比如对于课程信息形式的设计能够对学生的认知感官产生强烈信息刺激从而引起学生的注意，对于重点知识的活动安排可通过文本、图形、图像、声音、动画或者视频进行强化引起学生的信息加工的复述达到长时记忆系统等。

第七，教育心理学关于人的认识水平研究为课程信息化的评价提供依据。[①] 教育心理学关于人的认知发展水平有详细的研究结论，认知水平是指个体对外界事物认识、判断、评价的能力，认知水平的高低与实践经验、知识水平、思维能力、信息储量等因素有关，是影响人们思想形成的主观因素之一。由此，课程信息化的前资源要为学生的学习准备奠定基础，考虑学生原有的知识水平或心理发展水平对新的学习的适应性；课程信息化的标准资源要符合学习者的认知需求，通过资源的帮助提升学生解决问题的水平及独自解决问题的能力。课程信息化评价基于学习者认知水平的考虑，评价中考究信息化课程是否符合学习者的认知水平，从而对于学习者的学习准备情况、认知程度、认知效果以理性、客观的考查方式评价课程信息化的水准。

第八，教育心理学关于人的个性特征的研究为课程信息化的风格提供依据。[②] 教育心理学关于人的个性特征研究表明，每个人都有自己的个性，即个别性、个人性，就是一个人在思想、性格、品质、意志、情

---

① 田珊：《网络教学平台中学生认知水平测定的研究与实现》，天津师范大学硕士学位论文，2010 年，第 23 页。

② 孙娜：《教学风格与学习风格匹配状况调查研究》，西北农林科技大学硕士学位论文，2011 年，第 10 页。

感、态度等方面不同于其他人的特质。这个特质表现于外就是他的言语方式、行为方式和情感方式等，任何人都是有个性的，也只能是一种个性化的存在，个性化是人的存在方式。基于此，课程信息化基于课程，在内容分析的基础上，要充分考虑到学习者的学习风格及学习个性，以多样化、多层化、多媒体的思路设计开发信息化课程，既要展现信息化课程的大众文化共同性，也要在共性的基础上开发出具有地域特点，具有乡土内涵，具有校本特色的个性文化课程，以便于最大限度迎合不同学习风格的学生学习"口味"。

三　课程信息化之信息传播学基础

信息传播是指社会信息在人与人之间、人与社会之间，通过有意义的符号进行信息传递、信息接收或信息反馈活动的总称。信息传播的根本目的是实现信息的共享，信息共享的结果是传播的信息对人产生影响，即所谓的传播效果。[①] 教育传播是一种特殊的传播活动，由教育者按照一定的目的要求，选定合适的信息内容，通过有效的媒体通道，把知识、技能、思想、观念等传送给特定的教育对象的一种活动，是教育者和受教育者之间的信息交流活动。[②] 基于此，教育传播虽然是一种特殊的传播，它有特定的传播目的、传播内容、传播途径、传播方式，但它仍然是一种信息传播活动，遵循信息传播的基本规律和方法。而课程是教育传播的内容，必然要符合信息传播的内容规则和基本要求。比如传播中信息内容的收集、选择、编码、译码及信息的加工处理标准等对传播效果有着直接的影响。

（一）教育传播学关于传播规律的分析为课程信息化知识传播提供理论依据

因为教育传播是属于传播的一种特殊类型，既然归属于传播，就必然遵循传播的最基本规律，传播的本质是传播者借助一定的媒介，将特定的信息传递给特定对象的过程，传播的目的在于传者通过信息传递，

---

① 敬璐：《信息传播价值与信息传播选择》，新疆大学硕士学位论文，2008 年，第 32 页。

② 胡钦太、唐小璇：《论信息时代教育传播研究的新内涵》，《电化教育研究》2011 年第 11 期。

去影响受者，使受者的思想和行为按自己预期的情况进行转变。而影响受者的核心元素有两点：第一是教学内容；第二是传递方法。由此，课程信息化要对课程内容进行优化，对传递方法加以创新，才能有效提升信息化教学的效果，才能达到预期的课程信息化目的。课程内容的优化就是通过课程信息化，把传统的文本课程、抽象符号转化成集文本、图形、图像、声音、动画和视频于一体的多种综合符号形式，使得学习者通过可视、可听、可感知的方式获取信息，实现教学内容的优化。传递方法是针对传者而言，教育传播中教师是传者，教师的教学风格、教学方法、教学节奏等都会直接影响教育信息的传递效果，而教学方法的创新基础是课程内容。

（二）教育传播学关于传播过程的分析为课程信息化中的教学活动设计提供依据

课程不是简单的知识提供，而是包含着知识传递的过程、方法与途径。所以课程信息化不是简单地把纸质的文字转化成电子的文字，也不是简单地将各种多媒体素材杂乱无章地堆积，而是经过课程内容的知识点、重点、难点分析，设计课程内容的同时设计课程的教学活动。需要说明的是这里的教学活动设计不同于传统的教学活动设计，而是信息化环境下的教学设计，充分发挥信息化教学的优势，设计更多的学生能够主动参与的机会（角色表演、虚拟角色等），通过情境感受与情节观察等能够自主发现问题，综合所学知识与技能的启发能够自主解决问题的过程。

（三）教育传播学关于传播要素的分析为课程信息化中对课程的重要性定位提供了依据

课程是连接师生的桥梁，是教学过程中的关键。随着信息化教学的逐步深入，多媒体教学形式多样，但是课程资源设计却脱离了课程、忽视了课堂，过度依赖技术和网络，追新求异，导致了课程资源的低水平、重复建设，利用效果不佳。最本质的问题在于忽视了课程的意义和价值，没有充分挖掘课程的价值，而是把重心放在了资源形式的变化上，想通过资源形式的花样来替代课程本身的教育价值和意义，这显然是有些舍本逐末。传播过程的四个基本要素缺一不可，课程是教育传播四要素中的核心元素，不可忽视。

（四）教育传播学关于传播效果的分析为课程信息化的有效性判断提供依据

课程信息化的效果往往被片面理解为课程的多媒体资源，跟传者、受者似乎没有太大关系。其实这是一个很大的误区，课程信息化的过程反映的是人的设计思维，体现的是教师作为传者的设计思想，而这种设计思想不能随心所欲，而是要以知识传递的规律进行设计、要根据学习者作为受者的认知规律及认知基础作为依据。所以课程信息化的效果不在于技术运用得多么高深，而在于运用得恰当，对于课程的教育价值和教学效果有多大程度的提升。而且还必须重视信息化课程的有效应用策略，否则，信息化效果再好的课程，如得不到很好的应用，效果就会打折扣。所以，课程信息化的效果判断是个复杂的问题，也是个动态的过程性问题，而不是静态的仅仅把焦点放在课程资源或者多媒体制作的结果上。

（五）教育传播学关于传播环境的分析为课程信息化基本条件提供依据

课程信息化是个复杂的过程，不仅仅是技术的问题。首先要有新的教学理念作支撑，形成先进的教学思想作为指导；其次要有独特的教学设计思路，反映自己独特的教学风格和教学过程；最后要有科学的教学策略和创新的教学方法，信息化的程度再高，技术也代替不了教师的教学思想、教学设计、教学策略和教学方法，而要借助信息技术的优势把教师作为传者的思想、方法和策略以更有效的方法展示出来。所以，课程信息化的基本条件是必须要懂得教育教学理论，要有新的教学思想作为基础，再掌握必要的信息技术手段，借助良好的信息化环境创新和提升整个教学。教学思想、信息技术手段和基本的信息化设备是课程信息化的基本条件。

（六）教育传播学关于传播评价的分析为课程信息化的综合效果评价提供基础

因为课程信息化是为教学服务的，是教学的改革和创新。所以课程信息化的效果评价不能仅仅停留在技术层面，也不能仅仅停留在课程的多媒体课件和资源上，而是要以课程为核心，从课程的综合价值提升层面，从课程的教学效果及教学应用价值层面进行综合性的价值判断，而不能断章取义只看片面。

（七）教育传播关于传播信息选择及信息的编码过程分析是课程信息化的符号形式变换的依据

信息化课程的信息表达形式是文本、图形、图像、声音、动画和视频的综合体。信息筛选及符号形式的加工和处理都要符合传播信息表达及编码和译码的过程。第一，信息收集是课程信息化资源汇集的基础。丰富的课程资源是实现课程信息化最基本的条件，基于传播学的信息资源收集方法为我们的课程资源收集提供参考，我们可以收集基于文献或者基于网络资源的视频、音频、电影、电视等现有资源，从其中筛选或者截取适合自己教学的资源，方便、快捷、成本低，可以直接拿来使用；对于半成品的资源我们可以通过改造和优化使其转化成为我们课程需要的资源；当找不到现成的资源或者半成品的资源时，最后我们才考虑开发紧缺资源。第二，信息选择是课程信息化资源筛选的基础。[1] 课程信息化资源的丰富只具备了基础条件，要完成好课程信息化，对资源的筛选非常重要。课程信息化资源形式多样，文本、图形、图像、声音、动画、视频等多种多样。基于此，课程信息资源的选择就显得非常重要，适合课程内容，对课程有帮助的资源才是最需要的，否则追求华丽的资源不但起不到正向的作用，可能还会起到干扰的作用。第二，信息编码是课程信息化资源传递的前提。信息编码是传播过程中的必然环节，在于把信息加工成适合表达的符号形式。对于课程信息化来说，这是对课程内容的信息化设计过程，同样的内容，用文本、图形、图像、声音、动画、视频等什么样的方式表达更合适，选择合适的信息表达形式才能准确有效地把信息传递给学习者。第四，信息加工标准是课程信息化资源传递的依据。课程信息化把课程内容加工成了数字化的多媒体形式，各种处理技术必须符合通信传递及网络传递的技术规范和要求，要不然信息传递中出现技术的不兼容问题就会影响课程信息的正常传递。第五，信息译码是课程信息化资源接收的前提。信息译码是当传者把信息传递给受者后，受者通过设备接收到的首先是信号，必须借助相

---

① 李兴保、李修奎：《影响教师选择教育信息的因素》，《电化教育研究》2000 年第 2 期。

应的译码设备将信号还原为信息本源，解释为信息意义。

四 课程信息化之教育信息化基础

教育信息化理论。教育信息化是在国家政策指导下，在国家规划和资助条件下系统化发展信息化教育，实现教育现代化的过程。[①] 教育信息化对信息化的硬件基础设施配置、信息化软件资源开发、教师信息技术能力培训、信息化推进模式、信息化教学应用方式、信息化教学评价、信息化资源标准等都有系统化的研究，形成了比较完善的教育信息化理论体系。教育信息化从宏观角度对整个信息化教育有着重要的理论指导和实践推进作用。课程信息化也正是基于教育信息化的基础和信息化教学实践来展开的，目的在于推进新课程改革的进一步深入，实现新课程教学的有效应用。课程信息化是微观层面对信息化教学推进的新思路，是教育信息化发展到一定阶段的必然产物，是对教育信息化的继续推进和深化，教育信息化是课程信息化的基础和原始动力，是课程信息化的起点，也是课程信息化的归宿，通过课程信息化的推进，目的在于更好地实现教育信息化。

（一）课程信息化要以教育信息化政策为指导

课程信息化不是简单的名词创新，而是以中国当前的教育信息化政策为导向，在分析中国教育信息化现实问题的基础上，为了更加准确地聚焦信息化教学的重点，本着转变信息化教学思路，解决信息化教学实际问题而提出的。随着中国1993年全面接入互联网网络，1994年信息化高速公路建设全面展开，中国教育信息的发展便进入快速车道。国家加大投资力度，在不断加强信息化基础设施建设的同时，通过立项和规划建设，进行全面的师资培训及课程资源开发。经过20年飞速发展，中国教育信息化的发展取得了前所未有的突破，由最初的依靠计算机辅助教学变成了依托信息技术变革教育。国家出台了一系列关于教育信息化的政策，特别是教育部［2012］5号文件关于《教育信息化十年发展

---

① 马德四：《教育信息化本质研究：教育学视角》，华东师范大学博士学位论文，2007年，第18页。

规划（2011—2020 年）》[①] 的出台，把中国教育信息化推上了史无前例的战略地位，为我们的课程信息化提供了有力的方向导引。纲要原文如下：

第十九章　加快教育信息化进程

（五十九）加快教育信息基础设施建设。信息技术对教育发展具有革命性影响，必须予以高度重视。把教育信息化纳入国家信息化发展整体战略，超前部署教育信息网络。到 2020 年，基本建成覆盖城乡各级各类学校的教育信息化体系，促进教育内容、教学手段和方法现代化。充分利用优质资源和先进技术，创新运行机制和管理模式，整合现有资源，构建先进、高效、实用的数字化教育基础设施。加快终端设施普及，推进数字化校园建设，实现多种方式接入互联网。重点加强农村学校信息基础建设，缩小城乡数字化差距。加快中国教育和科研计算机网、中国教育卫星宽带传输网升级换代。制定教育信息化基本标准，促进信息系统互联互通。

（六十）加强优质教育资源开发与应用。加强网络教学资源体系建设。引进国际优质数字化教学资源。开发网络学习课程。建立数字图书馆和虚拟实验室。建立开放灵活的教育资源公共服务平台，促进优质教育资源普及共享。创新网络教学模式，开展高质量高水平远程学历教育。继续推进农村中小学远程教育，使农村和边远地区师生能够享受优质教育资源。

强化信息技术应用。提高教师应用信息技术水平，更新教学观念，改进教学方法，提高教学效果。鼓励学生利用信息手段主动学习、自主学习，增强运用信息技术分析解决问题能力。加快全民信息技术普及和应用。

（六十一）构建国家教育管理信息系统。制定学校基础信息管理要求，加快学校管理信息化进程，促进学校管理标准化、规范化。推进政府教育管理信息化，积累基础资料，掌握总体状况，加

---

① 《教育信息化十年发展规划（2011—2020 年）》，（教技［2012］5 号）（http：//www. moe. gov. cn/publicfiles/business/htmlfiles/moe/s5892/201203/133322. html），2012 年 3 月。

强动态监测，提高管理效率。整合各级各类教育管理资源，搭建国家教育管理公共服务平台，为宏观决策提供科学依据，为公众提供公共教育信息，不断提高教育管理现代化水平。

教育信息化政策的建设可以从人力、物力、财力上规范教育信息化的发展，是保证教育信息化可持续发展的长效机制。虽然中国教育信息化跟国外相比在技术手段的推广应用、基础设施的建设和优质资源的开发上还有着较大的差距，当前各种教学软件、网站质量不高，现代信息技术手段在教育中运用发展不平衡等，是制约中国教育信息化发展的主要因素。根据当前中国教育信息化发展的现状，笔者提出以课程为核心，以技术为支撑，构建回归课程、回归课堂、回归学校的教育信息化思路，目的在于通过深入学校、课堂、课程的信息化教学实践，探索出适合中国的教育信息化发展策略，这也需要更多的教育信息化政策作为指导和支持。我们期望在《国家中长期教育改革和发展规划纲要》的引导下，快速、健康地推进中国教育信息化事业不断向前发展。

（二）课程信息化要以教育信息化的本质为核心

教育信息化是人类教育史上的一次大的系统工程，是在信息技术飞速发展和教育媒介升级转变的过程中教育的大变革。因此，教育信息化涉及教育与教学领域的各个方面，就是在先进的教育思想指导下，充分发挥信息技术的优势，深入开发和广泛利用课程资源，培养适应信息社会要求的创新人才，加速实现教育现代化的系统工程。

课程信息化是在教育信息化的大背景下进行的，课程信息化是以教育信息化为基础来进行的，课程信息化的结果要能够反映教育信息化的本质。因为教育信息化的目的是服务教育现代化，是在国家及教育部门的统一规划、统一组织下进行系统化的发展，以便于加快发展速度和提升发展效率。同理，在教育信息化的基础上，课程信息化的发展也要遵循教育信息化发展的基本规律，在此基础之上围绕教育信息化的重点、难点进行创新性发展。所以课程信息化要根据具体地域、具体学校、具体课程、具体课堂进行系统的规划和组织，有步骤有计划地进行，以便避免课程信息化的过程中盲目、随意进行，没法取得预期的效果。

（三）课程信息化要以教育信息化的策略为思路

教育信息化经历了近20年的发展历程，在基础设施建设、软件资源开发、网络平台搭建、信息化教学策略及方法、信息化教学实践与评价等方面都积累了丰富的经验，取得了长足的发展，这些厚实的积淀对于课程信息化的指导意义是毫无疑问的。课程信息化是教育信息化实践环节的一个重要组成部分，要避免盲目的尝试和脱离教育实际的尝试，就要吸收教育信息化过程中的有效策略，取其之长，补其之短，在此基础之上，融入教育学精华，回归课程，回归课堂，借助信息的优势充分挖掘课程优势和特色，使得课程教学的作用尽可能发挥到最大。

（四）课程信息化要以教育信息化的资源为支撑

在教育部及各级教育行政部门的领导和支持下，中国教育信息化发展速度非常之快，特别是在课程资源建设方面基于"农远工程"形成了基础教育优质资源库，基于视频公开课和资源共享课形成了高校精品资源库。同时，基于网络的资源空间集中了大量的"民间"优秀学习资源。无论是基础教育、高等教育、特殊教育、职业教育还是成人教育等，相关的课程资源、专业资源都非常的丰富。这为课程信息化提供了良好的资源基础，所以课程信息化实践中首先考虑的是优质资源的"拿来"，对于特别经典的课程资源、教学资源直接分享应用，而不是盲目开发，说不定开发出来的资源效果和水平还不如现有的收集到的资源；其次考虑可升级和可改造的资源，现获取的资源达不到教学要求，但是经过简单的修改就能满足教学的要求，可以优先考虑。因为现有资源的充分利用可以避免重复开发，也可以提高资源利用效率。

（五）课程信息化要以教育信息化的环境为基础

课程信息化是在教育信息化发展到一定程度的必然产物，信息化环境中基础设施的配置（机房、多媒体教室、电子白板、网络教室等）、学校现有课程资源的开发与收集情况、学校的信息化政策及支持力度，以及学校的整体信息化水平、教师信息技术能力、学生的信息化素养等都会影响到课程信息化的水平和进度。所以，教育信息化环境的建设，为课程信息化的发展提供基础性条件。

（六）课程信息化要以教育信息化的评价为参考

尽管到目前为止，对于教育信息的效果评价还没有比较完善的评价系统，但是对于课程资源标准、教师的信息技术能力标准以及教育信息化的设施配置标准都有了比较详细的衡量标准。这为课程信息化的资源开发、技术运用、教学应用等方面的评价提供了基础性的参考。当然课程信息化的评价核心在于课程本身，技术用于课程的资源开发及教学设计过程中，最终的判断在于课程价值是否得到最大限度地提升。

五　课程信息化之技术与教育融合的基础

技术与教育融合的理论。技术的变革，渗透在生活的各个领域，对教育的促进和革新有着非常重要的意义和作用。随着科学技术的进一步发展，科技兴国，技术服务教育的事实已经成型，技术在教育中的应用对推进教育的变革起到了决定性的作用。[①] 当初的技术和教育是两个独立领域，相互牵连比较少。如今，二者有着密不可分的关系，教育需要技术的支持和服务，技术需要教育的深化和研究。基于此，技术与教育的融合理论已经形成体系，探讨技术的教育价值、技术的教育应用、技术化的教学设计、技术化的资源开发、技术化的教学评价等，已经成为时下技术教育化的核心理论体系。[②] 同时，如今的教育跟技术结下了不解之缘，教育管理、教学实施、教学设计、资源开发、教学评价、课程信息化等都离不开技术的支持和服务，因此，教育技术化的趋势已经明朗，教育技术化的相关研究也有了众多公认的成果。基于此，课程信息化能够存在和发展，正是基于技术与教育的融合基础而实现，技术打破了传统课程的形式，实现了课程的电子化、多媒化、网络化，形式的改变给课程开发、应用和共享带来了很多方便，但仅仅基于形式的变化还是远远不够，从课程的价值观出发，如何充分利用技术的教育价值，挖

---

① 单美贤：《技术哲学视野下的技术教育化研究》，南京师范大学博士学位论文，2008年，第35页。

② 颜士刚、李艺：《论技术教育化是技术教育价值的创造和积累》，《电化教育研究》2008年第3期。

掘课程潜能，提升课程价值，展现课程特色？① 这正是课程信息化的重点研究和需要攻关的难题所在。因此，课程信息化需要以技术与教育的融合理论作支撑，通过课程设计、开发、应用和评价来很好地印证和实践技术教育化，教育技术化的过程，实现技术对教育的人性化、人文化、生态化促进作用。

---

① 李广、马云鹏：《课程价值取向：含义、特征及其文化解析》，《东北师范大学学报》（哲学社会科学版）2010 年第 5 期。

第三章

基于新课程目标的课程
信息化内涵

第一节　课程信息化的概念

　　课程信息化是信息社会中一种课程变革的方式，从一定意义上说，课程信息化体现着一定社会和特定历史时期的课程价值取向，反映了一定社会历史时期的教育价值观。[①] 谢康教授认为："课程信息化是在信息技术文化中课程发展或者革命的过程，是将信息技术、信息资源、信息方法渗入到课程设计和课程操作中（2005）。"[②] 蒋鸣和教授认为："'课程信息化'是应用信息技术平台全方位地'重构'现代课程的过程，涉及教学理念、教学目标、教学内容、教学策略和教学手段，是信息技术与课程整合的高级阶段（2006）。"[③] 经文献分析后发现：以上及其他关于课程信息化的定义大都从信息技术的视角，重点强调了如何运用技术改造课程，尚未融入新课程理念。在这种视角下，技术成了主角，课程成了陪体，虽然彰显了技术的魅力，却忽视了课程本身，使得这种改造在一定程度上仅限于课程形式上的改变。比如将传统的纸质书籍转化成了电子书籍，或者进一步将课程内容借助于多媒体的图形、图像、声音、动画和视频进行简单转化，没有深入考虑到这种转化不仅仅是为了直观、好看，更重要的是对新课程理念的融入，对新课

---

① 孙弘安、谢康：《课程信息化的系统观》，《中国远程教育》2009 年第 7 期。

② 谢康：《教育信息化视野下的课程信息化》，《中国电化教育》2005 年第 5 期。

③ 蒋鸣和：《从教学手段的整合到课程信息化：信息技术与课程整合的新探索》，《信息技术教育》2006 年第 1 期。

程目标的实现。所以，本研究认为，在探讨课程信息化时，必须融入新课程理念，课程信息化的重心是课程而非技术，课程始终是主体，将技术融入其中的目的是提升课程的价值，而不是炫耀技术。通过文献研究，并结合自己的教学经验，笔者尝试给课程信息化下一个定义：**课程信息化**是以课程为主体，基于新课程目标对课程内容进行分析，借助信息技术手段进行课程信息化设计及课程资源开发，基于"娱教"思维进行课程应用，基于情感体验完成课程评价，来实践新课程的信息化教学过程。

课程信息化的主体对象：课程内容；课程信息化的目的：通过信息技术与教育的融合，充分借助信息技术的优势有效实现新课程目标，以促进学生的全面发展；课程信息化的环节：课程的内容分析，课程的信息化设计，课程的信息化资源开发，课程的"娱教"应用，课程的体验性评价；课程信息化的要素：课程内容（课程信息化的对象）、教师（课程信息化的执行者）、信息技术（课程信息化的工具）、学生（课程信息化的依据）、"娱教"思维（课程信息化的方法）、"体验评价"（课程信息化的价值判断）、政策（课程信息化的保障）；课程信息化的本质：把课程内容分析，课程信息化设计，课程的"娱教"应用及课程"体验性"评价四个方面一体化，以便有效抓住课程内涵，最大限度地挖掘课程的娱乐属性，尽力提升课程魅力，展现课程特色，有效实现新课程目标。

这一概念界定有以下特点：第一，强调了以学生发展为根本宗旨。以生为本既是新课程目标所要求的，也是课程信息化的根本所在。第二，强调了课程的主体性。[1] 课程是教学中的重要元素，是连接师生的重要桥梁。在信息化教学实践中，人们往往把课程抛在脑后，在积极开发各种资源的同时，却忽视了课程本身，使得课程信息化本末倒置。第三，突出了信息化教学设计的原则。[2] 基于新课程理念的课程信息化虽然强调以课程为主体，但也离不开信息化教学设计，而且要遵照信息化教学设计的原理、规

---

[1]　宁金平：《课程主体观的历史演变与启示》，《咸阳师范学院学报》2010 年第 6 期。

[2]　高洁、杨改学：《中国信息化教学设计研究的发展现状研究》，《现代远程教育研究》2008 年第 3 期。

则和方法，既要有创新思想的融入，也要有艺术美感的渗透，还要围绕课程的核心，提升课程的价值。第四，强调提升课程本身的内驱力，使课程发挥出更大的作用，而不在于用什么层次的软件来设计和开发课程。第五，重视寓教于乐的教法。新课程改革重视学生的学习感受和体验，基于新课程理念的课程信息化必须通过有效的方法来实现寓教于乐，使学生能够实现轻松愉快的学习。基于此，本概念中融入了"娱教"思维，竭力探索有效的信息化教学方法。第六，倡导体验性评价的应用。新课程在强调知识与技能，过程与方法目标的同时，更强调学习者情感、态度和价值观目标的实现，而学习情感与态度变化很难量化，在传统教学评价中被忽视，课程信息化既然要更加有效地实现新课程目标，对于学习情感、态度的变化就必须重视，把学生的学习体验、学习感受纳入评价量表。

第二节　课程信息化的特点

课程信息化是信息技术应用于教育教学实践的新思路，是技术融入教育，回归课程的实践性教学策略和教学方法，具备系统的理论体系和实践方案，具有信息技术应用的独特个性。

主体性。课程信息化的主体是课程，信息技术是手段、方法。在实施课程信息化时，不能只看到有形的技术，过度重视技术而忽视课程或者弱化课程的作用。教育改革从课程改革开始自有它的道理，无形中也证明了课程在教育教学中的重要性。因此，课程信息化必须以课程为主体，始终保持课程的重要地位，用课程来吸纳技术，使技术自然融入课程，成为课程的有机组成。

融合性。借助信息技术实现课程信息化的过程不是机械地生搬硬套技术，而是根据课程内容的意境、意义和主题，选择合适的技术，通过课程设计和课程资源开发，巧妙地融入课程、创新课程内容、改善课程结构、突出课程的重点和难点、展现课程特色的过程。因此，信息技术与课程是自然融合的过程，而不是机械的强行嫁接，为了技术而技术。

原则性。课程信息化的原则性表现在两个方面：第一，目标性原则，课程信息化要遵照新课程思想的指导，以实现新课程目标为基本原则。新课程改革提出的知识与技能、过程与方法、情感态度和价值观的三维目标,对课程功能、课程内容、课程结构、课程实施、课程评价和课程管理都有明确的指导意见。目标性原则是课程信息化的根本前提。第二,设计性原则,课程信息化要遵照信息化教学设计的原则。教学设计需要运用系统方法分析学习需求和学习者特征,明确学习目标,制定教学策略,选择教学媒体,实施教学和开展学习评价。因此,课程信息化既要遵照新课程思想,又要结合信息化教学设计思维,实现二者的统一,课程信息化设计的目的是更好地实现新课程目标。

创新性。课程信息化并不是只要在课程中运用了信息技术,就会自然产生好的效果。课程信息化仍然需要有创新性的思维,运用信息技术充分挖掘课程潜能,展现自我独特思路,解决传统方法所不能解决的问题,设计课程教学过程,丰富课程资源,创新课程的教学应用,使课程潜在的特色得到展现。因此,课程信息化不仅仅是课程与技术的简单结合,也需要思维的创新,需要观念的创新,需要技术的创新。[1]

娱乐性。课程信息化不仅要在课程内容分析中融入信息手段,融入信息化表现手法,更重要的是要最大限度地挖掘课程内容的娱乐属性,找到课程内容的娱乐点所在,在课程的信息化设计、资源开发及教学应用中融入"娱教"思维,融入娱乐元素,设计娱乐过程,通过数字游戏、角色扮演、过程参与、师生互动等多种方式实现寓教于乐。[2]

提升性。课程信息化并非简单地将纸质的书籍转化为电子书籍,而是把信息技术渗透和融入课程,成为课程的内驱力。[3] 转化为电子教材,只是信息呈现形式或载体的改变,它对信息内容的创新和学习者的学习没有多少实质性帮助。技术虽然是外在的、有形的,但是其融入课程后则是无痕的、有用的。基于信息技术的运用创新课程设计思路,重构课程结构,开发相应的课程资源,增强课程信息表达的直观性、真实性、生动性、情境性、游戏性、娱乐性。所以,课程信息化要通过信息技术在课程中的渗透,提升课程质量,提升课程价值,提升课程品位,

---

① 何克抗、余胜泉:《用信息化教学创新理论大幅提升农村中小学教学质量促进教育均衡发展研究》,《电化教育研究》2009 年第 2 期。

② 李鸿科:《娱教视角内的信息化教学》,《湖北大学学报》(哲学社会科学版) 2008 年第 2 期。

③ 李亚:《基于建构主义理论的信息化教学的思考》,《科技信息》2011 年第 10 期。

使课程在教育教学中发挥出更大的作用。

过程性。课程信息化不是一蹴而就，而是一个循序渐进、循环往复，不断融入新思想，注入新观念，渗透新技术的创新过程。课程信息化的每一个环节（课程信息化设计、课程资源开发、课程的"娱教"应用和体验性评价）都至关重要，任一个环节的失败都可能会影响到整个课程信息化的结果。因此，课程信息化的方法、手段、应用、评价都需要不断创新和发展，不断追求完美。

第三节　课程信息化的条件

课程信息化是一项复杂的系统工程，需要具备一定的条件才能够有效地实现课程信息化。

第一，课程信息化需要一定的基础设施。基础设施是实现课程信息化及其教学应用的物质基础，没有一定的硬件环境支持，课程信息化就难以进行。硬件环境主要指两方面：一是课程信息化开发所需的多媒体计算机及相应的开发工具。二是能够支持信息化课程运行、传递、共享、修改、完善的网络及平台。这两方面完备的基础设施是实现课程信息化的基本条件。

第二，课程信息化需要领导的支持和教师的配合。课程信息化不仅需要理论的支撑，更需要实践的土壤，需要在实践中验证观点、总结经验、提升理论。由于学校不同，其教学信息化程度不一，领导及老师对课程信息化的理解和态度也不一样。只有领导全力支持，教师积极配合才能保证课程信息化实践的有效实施。

第三，课程信息化需要信息技术的支持。[①] 课程信息化需要有创新的思想，需要有新课程理念，需要有个性特色，需要有独特风格，需要有艺术美感，需要有视听享受，需要有参与操作，需要有交互反馈等。所有这些内涵及思想都需要通过人类能够感知的信息元素来展现，而这些信息元素的重组、加工、处理和转换都需要通过信息技术来实现。这

---

① 沙景荣、姚永伟、王艳艳：《信息技术支持中小学课堂教学的作用到底是什么》，《中国电化教育》2009 年第 9 期。

就需要具备比较成熟的文字处理技术、图形图像处理技术、音频制作技术、视频编辑技术、动画设计技术、作品合成输出技术等，而且技术比较成熟的工具或平台兼容性强、操作简单、使用方便、稳定性好，便于扩展和更新，是实现课程信息化的重要条件。

第四，课程信息化需要专业的设计思维。[①] 课程信息化的主体是课程，丢失了课程，信息化的意义就会荡然无存。因此，课程信息化要针对具体课程，结合专业特点，从课程的性质、特点、内容、结构、特色、优势等角度进行专业化研究和思考，以专业的态度和精神来挖掘学科内容特色，突出学科重点和难点。这就需要在教育学、心理学、传播学等学科理论指导下提升教师的技术水平和艺术气息，在课程信息化中融入文化内涵、艺术元素以提高课程信息化的质量。

第五，课程信息化需要团队组织开发。以前的课程资源开发基本上都是教师个人或者公司通过制作课件来进行，前者便于教师个人教学特色的展现，但是难以规范，后者虽然技术强势，但是教育成分不足。[②]课程信息化不能走老路，需要有固定的机构和组织，采用团队化开发。团队组织开发的优势在于：第一，学科教师对自己的课程有着独特的思考，有着独特的教学方法，但是他们的创新思维和想法没有办法借助信息技术来实现，因为大部分学科教师对信息技术的掌握还达不到系统和娴熟的程度，在开发中难以做到游刃有余。第二，教育技术学专业人才虽然对信息技术的掌握非常娴熟，却对学科课程缺乏深入研究，其了解的程度远不能与学科教师相比，其开发的信息化课程难以挖掘到课程的本质、优势和特色。第三，课程信息化是一项系统工程，涉及统筹规划和系统发展，还需要资金、技术、人力、管理等方面的保障。因此，课程信息化需要发挥集体的智慧，需要团队的密切合作，有专业课程教师，有信息技术人才，有保障体制，有管理策略，有服务人员，有组织机构等，只有凝结大家的智慧才能有效地实现课程信息化的持续化和长久发展。

---

① 李芒、蒋科蔚、蔡君：《论教学设计研究领域中的基本问题》，《远程教育杂志》2012年第1期。

② 高创、宋维虎：《对媒体课件开发的现状及策略分析》，《科技广场》2010年第11期。

第四节   课程信息化的环节

基于新课程理念的课程信息化涉及几个关键环节,依次为:内容分析、信息化设计、"娱教"应用和体验评价,这几个环节是一个有着紧密联系、环环相扣和先后次序的循环过程,前一个环节是下一个环节进行的依据和基础,其中一个环节出现问题就有可能导致整个结果的失败。

内容分析。这是课程信息化的第一个环节,该环节应在学科专家的指导下以学科教师为主来进行,信息技术教师也要参与课程内容分析的过程,以便更好地掌握内容信息化时需要的表达手法。主要工作任务有:第一,依据新课程三维目标,分析内容的学习目标;第二,分析内容的知识点,描述知识点的学习目标;第三,分析知识点的表现手法和信息化策略;第四,分析知识点的教学方法和学习策略;第五,分析内容的重点和难点,充分发挥信息化手段的优势,对重点和难点进行巩固和强化;第六,分析内容的形成性练习策略及练习题。①

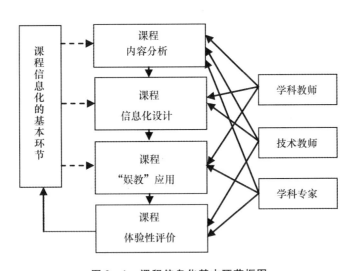

图 3－1   课程信息化基本环节框图

---

① 陈小青:《中国、英国、加拿大三国信息技术课程内容分析的比较研究》,《中国电化教育》2006 年第 5 期。

信息化设计。信息化设计是在内容分析的基础上来进行的，由学科教师及信息技术教师协作完成。主要工作任务是：对内容分析中确定的知识点所需的信息化资源进行设计和开发。需要说明的是，信息化不是什么内容都要生搬硬套搞成电子形式，而是要根据内容本身的特点和性质看是否需要信息化，需要什么样的信息化，恰当的才是最好的。只有这样，开发的信息化资源才能符合课程需要，才能为课程服务。[①]

"娱教"应用。该环节应在专家的指导下，在信息技术教师的辅助下，由学科教师完成。主要工作任务是：在新课程理念的指导下，将娱乐元素充分融入到信息化设计中并准确地表达出来。[②] 该环节需要注意的是，要细心琢磨教学中教师的教态、姿势、语调、语气、语词、道具及教学活动的设计，充分融入幽默元素和娱乐味道，使信息化课程的效果得到完美的展现。

体验评价。由于新课程理念特别重视学习者的学习体验和感受，因此，体验评价环节必不可少。该环节由学科专家、学科教师及信息技术教师共同参与完成。主要通过观察、交流、提问、问卷调查、考评及对教学录像分析等途径，综合测定学习者的学习效果及学习体验。基于新课程理念的课程信息化所追求的结果是，在尽可能短的时间内，能轻松愉快地实现学习目标。体验评价的过程也是获取反馈信息的良机，获取的反馈信息是我们进一步修改和完善信息化课程的重要依据。[③]

第五节　课程信息化的难点

课程信息化是探索信息化教学的新思路、新方法、新模式，这种所谓创新的价值和意义最终还要通过课程信息化的效果来验证。课程信息化到底要达到什么样的效果呢？基于新课程理念的课程信息化就是要很

---

① 柳立言、马建军：《课程信息化中的信息化教学设计》，《廊坊师范学院学报》（自然科学版）2009 年第 5 期。

② 杨晓宏、李鸿科、梁丽：《"娱教"思维下的信息技术与新课程整合——基于"娱教"理念的信息化教学研究》，《内蒙古电大学刊》2011 年第 5 期。

③ 王艳波：《语文教学活动维度的情感体验探究》，《辽宁师专学报》（社会科学版）2011 年第 4 期。

好地实现新课程目标，因为新课程目标是实现素质教育、培养新时代能力型人才的基本依据。因此，课程信息化的直接目标就是充分借助信息技术的优势，很好地实现新课程目标。新课程改革提出了知识与技能、过程与方法、情感态度和价值观的三维目标。基于此，我们分别从三个维度探究实现新课程目标的课程信息化过程。

基于信息技术的多媒体感知学习——"**知识与技能**"目标的实现（探究性学习）。任何学习、任何创新都以一定的知识为基础。新课程虽然改变了曾经以知识和课程为本的教学理念，开始注重以生为本，更加看重学生的综合发展，但这并不意味着否定知识的基础性作用，只是强调要改变知识的获取方式。① 死背硬记、满堂灌可以获取知识，轻松愉快地主动探究、理解性记忆也可以获取知识，何不选择后者呢？课程信息化的本质就在于激发学生的主动求知、积极探究、轻松获知。因为信息技术能够集文本、图形、图像、声音、动画和视频于一体，对同一知识点、同一种技能运用不同的信息再现形式，把传统课程中的文字变成有声有色的情境，把课程中的事件变成情节化的剧场，把课程中的设想变成虚拟场景再现，能够以更加接近信息实物本源，真实、自然、直观、艺术的方式让学习者感知和探究，便于学习者的理解和记忆，将有助于提高对知识和技能的认知及获取。

基于信息技术的虚拟实践学习——"**过程与方法**"目标的实现（实践学习）。② 基于信息技术的虚拟实践可以把课程中的知识过程和操作方法展现给学生，如讲授发动机的工作原理时，虽然在课堂上没有办法打开发动机进行演示，但可以做成动画模拟气缸的工作过程，使发动机的工作原理和操作方式展现得非常清楚。在课程信息化中，开发教育游戏，可以模拟内容情境、构造情节过程；开发虚拟实验，可以展现现实中无法完成的实验过程；开发虚拟 3D 场景，可以体验梦幻场景等。所有这些，都是信息技术融入课程的最大优势，带给学生的不再是结果和结论的死背硬记，而是过程学习的参与和互动，是在自主、自愿、主

---

① 李高峰、汪明：《对"三位一体"课程目标的解读》，《内蒙古师范大学学报》（教育科学版）2009 年第 10 期。

② 沈慧其：《地理课堂教学如何落实过程与方法目标》，《现代教学》2009 年第 11 期。

动探究的求知活动中领悟认知的方法，理解所学的知识，感受学习的过程。

基于信息技术的情境体验学习——**"情感、态度和价值观"**目标的实现（体验学习）。新课程以学生为本，非常重视学习者的学习体验。① 信息化课程能够创设情境，以情境吸引学生；能够融知识于游戏中，以游戏"娱乐"学生；能够把教师的特色和创新以个性化的信息形式再现，实现寓教于乐。所以，借助信息技术可以转变课程功能、创新教学内容、改进教学方法、提升教学内涵。在基于新课程理念的课程信息化方法之下，课程不再只是文字资料的呈现，而是有情有景、有山有水、有艺术美感、有文化内涵、有思想精华的新课程，重在激发学生的情感认知、情感体验和情感领悟。在学习过程中，学生动了"真情"，他就会融入情境、体验情境，感受到学习的乐趣，就会积极思考，主动求知。这种快乐的学习体验一旦形成，学生就不再把学习当作任务或者痛苦的历程，而是成了每个人一生中追求进步和积极上进的快乐体验、快乐享受，长此以往的快乐态度，积极人生，可以形成一个人正确的价值观和人生观。

课程目标的实现有许多复杂因素的影响，课程信息化不是实现课程目标的唯一途径，但是课程信息化对于实现新课程目标的作用具有很大程度上的影响因子。新课程的发展需要信息技术的支撑，需要信息化的教学环境，信息化课程是未来教学中课程发展的必然趋向。同时，信息化教学需要向新课程靠拢，需要为新课程改革服务，需要融入新课程理念，通过课程的信息化更有利于实现新课程的目标。

第六节　课程信息化中应该注意的问题

一　预防概念的混淆

课程信息化是教育信息化深入发展的新思路，也是个新的提法，很多同行在第一感觉上不知道什么是课程信息化，提出了课程信息化跟信

① 赵娣：《"情感、态度价值观"目标在政治课堂的实施》，《文科资料》2011年第10期。

息技术与课程整合有什么区别的质疑，也有人误以为课程信息化是为了有个别出心裁的名字而故弄玄虚。所有这些质疑都是在情理之中，也正是为了释疑，我们将信息技术、课程、信息技术与课程整合、课程信息化等几个关键的概念进行列举和对比分析，以便于阐释清楚它们的联系与区别。

（一）几个关键概念

信息技术：狭义的理解指信息的获取、加工、处理、转换、利用、存储和传递的技术[①]；广义的理解指现代媒体技术、现代媒传技术、教学系统设计技术所综合起来的现代信息技术，即：信息知识、信息观念、信息能力、信息道德。

课程：（curriculum），是指为了实现一定的教育目的而设计的学习者学习计划或学习方案。在学习方案中对学习者的学习目标、学习内容和学习方式做了设计和规定。广义理解指所有学科，狭义理解指某一门学科。[②]

整合：（integration），在英语中的含义是综合、融合、集成、成为整体、一体化等。最早将其作为专门术语的是英国哲学家赫伯特·斯宾塞，以后就成为生理学、心理学、人类学、社会学、物理学、数学、哲学等多学科公用的专业术语。在不同的学科中有不同的理解。[③]

关于**信息技术与课程整合**的概念很多，无法一一进行列举，仅选择几个典型的概念进行对比分析和借鉴。

信息技术与课程整合是指将信息技术以工具的形式与课程融合，以促进学生的学习；将信息技术融入课程教学系统各要素中，使之成为教师的教学工具、学生的认知工具、重要的教材形态、主要的教学媒体；或指将信息技术融入课程教学的各个领域，如班级授课、小组学习、自主学习，成为既是学习的对象，又是学习的手段（南国农教授）。[④] 所谓信息技术与学科课程的整合，就是通过将信息技术有效融合于各学科

---

① 《信息技术》，2012 年 10 月，百度百科（http：//baike. baidu. com/view/3226. htm）。

② 施良方：《课程理论——课程的基础、原理与问题》，教育科学出版社 2003 年版，第 3 页。

③ 《整合》，2012 年 2 月，百度百科（http：//baike. baidu. com/view/57967. htm）。

④ 南国农：《信息化教育概论》，高等教育出版社 2011 年版，第 187 页。

的教学过程来营造一种新型教学环境，实现一种既能发挥教师主导作用
又能充分体现学生主体地位的以"自主、探究、合作"为特征的教与
学方式，从而把学生的主动性、积极性、创造性充分地发挥出来，使传
统的以教师为中心的课堂教学结构发生根本性变革，从而使学生的创造
精神与实践能力的培养真正落到实处。整合的三个基本属性：营造新型
教学环境、实现新的教与学方式、变革传统教学结构（何克抗教授）。①
信息技术与课程整合是指把信息技术作为工具与各学科课程融合，以帮
助学生增强对学习内容或多学科领域的学习。当学生能够选择信息技术
工具来帮助他们及时地获取信息，分析、综合并熟练地表达信息时，信
息技术与课程整合才是有效的（黎加厚教授）。② 数字化学习是信息时
代学习的重要方式，数字化学习是信息技术与课程整合的核心。信息技
术与课程整合是指在课程教学过程中把信息技术、信息资源、信息方
法、人力资源和课程内容有机结合，共同完成课程教学任务的一种新型
的教学方式（李克东教授）。③ 信息技术与课程整合是把技术以工具的
形式与课程融合，以促进对某一知识领域或多学科领域的学习。技术使
学生能够以前所未有的方法进行学习。只有当学生能够选择工具帮助自
己及时地获取信息、分析和综合信息，并娴熟地表达出来，技术整合于
课程才是有效的。技术应该像其他所有可能获得的课堂教具一样成为课
堂的内在组成部分（祝智庭教授）。④

　　对专家给出的信息技术与课程整合概念的归纳与分析：南国农教授
对信息技术与课程整合的界定更倾向于全方位整合，整合的目的是促进
学生的学习，对于教师来说整合的结果有了理想的教学工具，对于资源
来说，整合成为重要的教材形态，对于学生来说有了很好的学习工具，
对于教学来说适合于各种形式的教学。何克抗教授对信息技术与课程整
合的界定更倾向于新信息技术的功能角度，通过营造新型教学环境、实

　　① 何克抗：《TPACK——美国"信息技术与课程整合"途径与方法研究的新发展
（下）》，《电化教育研究》2012 年第 6 期。
　　② 黎加厚：《基于魔灯（Moodle）课程设计的 BIG6 模式》，《远程教育杂志》2007 年第
2 期。
　　③ 李克东：《数字化学习（下）——信息技术与课程整合的核心》，《电化教育研究》
2001 年第 9 期。
　　④ 祝智庭：《聚焦信息技术进课堂》，《中小学信息技术教育》2007 年第 11 期。

现新的教与学方式、变革传统教学结构；黎加厚教授对信息技术与课程整合的界定更倾向于信息技术的工具性价值；李克东教授对信息技术与课程整合的界定更倾向于数字化学习整合；祝智庭教授对信息技术与课程整合的界定更倾向于学习工具的整合。根据以上各位专家对信息技术与课程整合的界定，对信息技术的工具性价值、功能性作用、数字化特性非常重视，整合的结果是基于信息技术的学习和教学。这为我们探究信息技术与课程的关系提供了重要的研究依据，为信息技术与课程的融合提供了前提基础。但是从信息技术与课程整合的现状及结果来看，信息技术与课程整合的界定和提法还是有一定局限性的。基于此，通过信息技术与课程整合大量的文献研究及结合教育信息化实践情况，笔者对课程信息化进行了界定和分析，变换一个角度对信息技术的教学应用进行研究也许会有一些启发。

课程信息化是以课程为主体，基于新课程目标对课程内容进行分析，借助信息技术手段进行课程信息化设计及课程资源开发，基于"娱教"思维进行课程应用，基于情感体验完成课程评价，来实践新课程的信息化教学过程。

（二）课程信息化跟信息技术与课程整合的区别

本研究是关于课程信息化的研究，最容易引起读者混淆的就是其跟信息技术与课程整合有什么区别。其实课程信息化跟信息技术与课程整合有着天然的联系，也有着本质上的区别。联系就是可以把课程信息化理解为信息技术与课程整合的高级阶段。

第一，核心词的区别。"信息技术与课程整合"中"信息技术"作为先导词，具有主体性、主导性作用，"课程"在一定程度上处于被动关系。"整合"（Integration）的原意：就是把一些零散的东西通过某种方式而彼此衔接与组合在一起，并最终形成有价值有效率的一个整体，在科学领域，"整合"指相邻甚至相距很远的学科之间交叉、渗透、融合而形成边缘性、综合性学科。[①] 基于整合本义的分析，似乎"信息技术与课程整合"的提法并不准确，因为信息技术与课程整合的目的不是为了形成新的学科，而是为了提升课程，从这个意义上讲，似乎课程

---

① 《整合》，百度百科（http://baike.baidu.com/subview/57967/8058650.htm）。

信息化更适合，更准确，是信息技术融入课程，提升课程的过程。信息技术与课程整合的定义解释中把整合等同于"融合"，这是很明显的错误，"整合"跟"融合"是两个不同的词，有着不同的含义，"融合"是指将两种或多种不同的事物合成一体。① 基于此，课程信息化是把信息技术融入课程变成课程的有益成分，二者成为一体。所以，两者核心词的提法有着明显的区别，也有着不同的含义，对于学科发展的后续导向和研究去向引导也是不同的。

第二，二者的概念不同。信息技术与课程整合概念在于突出信息技术如何应用于课程，更多倾向于信息技术本身的教育价值、教育功能和数字化形式的研究，对课程本身的研究比较少。二者的整合中课程的地位和主体性不明显，有被忽视的感觉。而课程信息化突出的是以课程为主体，挖掘课程优势和特色，使课程的潜能发挥到最大，是技术服务于课程，融入课程的过程。

第三，二者的研究重点不同。信息技术与课程整合研究的重点在于新技术、手段和方法在课程教学中的应用，强调技术的作用和魅力，整合中技术含量占较大比重，整合的重点比较倾向于形式上的变化。而课程信息化研究的重点在于课程本身，重视课程内容的分析，强调将技术内化为课程的潜力和内驱力，最大限度提升课程的内涵，整合的重点倾向于课程功能和作用的发挥。

第四，二者涉及的范围不同。信息技术与课程整合更多指的是信息化设计与开发环节。② 信息化教学从课程设计、资源开发、实施教学及评价是一个完整的过程，如果仅仅停留在信息化设计和资源开发上，不管多么有创意的设计思想和再好的课程资源，得不到很好的应用，并进行评价修改和完善，设计和开发的预期目标就不可能很好地实现，或者说不可能完全实现，甚至会因为得不到妥当的应用而前功尽弃。而课程信息化重点是围绕课程进行课程内容分析，完成课程信息化设计，探究信息化课程的教学应用及评价，四个环节一体化的系统研究过程。

第五，二者的实施方式不同。信息技术与课程整合多以开发多媒体

---

① 《融合》，百度百科（http://baike.baidu.com/view/489164.htm）。
② 蔡剑飞：《试论信息技术与课程整合》，《南方论刊》2010 年第 3 期。

课件、开发网络课程、开发课程资源的方式来实施。[①] 而课程信息化则以课程内容分析、信息化课程设计、信息化课程教育应用及评价展开，整个实施过程围绕课程教学实践的核心价值来实施。

第六，二者的实施主体不同。信息技术与课程整合基本由教师个人来完成，这样的方式便于教师个人特色及个性化教学的展现，但是在一定程度上对课程的设计及开发不够系统，不够规范，不够深入，比较随意。[②] 而课程信息化更多倾向于由学科专家、一线学科教师及信息技术人员组成的课题团队、协作团队、科研团队、实践团队等作为实施主体，对课程的设计、开发、应用和评价都是比较规范和完整的。保证课程信息化的系统化、规范化、全面化、标准化、精品化、持续化、长远化发展。而且，团队化的课程信息化实施并不影响个性特色的发挥，而是集百家之长，避个性之短，发挥集体的力量更好地实现课程的信息化。

第七，二者的评价重点不同。信息技术与课程整合的评价更注重信息技术应用技巧、应用程度、应用策略的评价[③]，看中的是技术层面；而课程信息化评价的重点在于要分清楚主次关系，认可信息技术的作用，但直接评价信息化课程特色、课程优势、课程特点，课程适合教和学的程度，课程对于改进教学和学习的作用等，评价的核心倾向于通过技术的运用，对于课程价值的提升程度有多大。因为技术应用于教育的实质就是为了更好地提升教学效率、效果，实现教育的优化。

二　预防工具出身论

目前的信息化教学实践中，经常以开发工具论作品等级，认为开发工具越复杂、越高深、越有难度，所开发的资源就是"上等"或"名流"，利用简捷、简单、易用的工具所开发的资源就是"底层"或"俗

---

①　曾祥霖、张绍文：《论信息技术与课程整合的内涵、层次和基础》，《电化教育研究》2006 年第 1 期。

②　郭小平、张文兰：《从教师心理探析信息技术与课程整合的"高原期"现象》，《中国电化教育》2011 年第 9 期。

③　谢忠新：《基于系统视角的学校信息技术与课程整合 EIPO 评价模型》，《中国电化教育》2009 年第 5 期。

辈"。[①] 比如制作幻灯片 ppt 被一些教师认为没有技术含量，所做的作品更不可能有所创新。其实这是一个很大的误区。任何的软件都有自己的特点，有一定的优势，也存在一定的局限性，没有十全十美的开发工具。关键在于人怎么用它，工具只是一个公用平台，对于任何人来说都一样的平等，但是作品的创作完全在于个人，在于个人的思想，在于个人驾驭技术的能力和技巧。好多人没有挖掘到 ppt 的功能，没有把设计理念融入作品，自然就只能是文字搬家了。笔者尝试用 ppt 制作立体按钮，立体圆锥、圆柱、立体茶壶，制作电子相册，制作具有交互功能的多媒体课件等，效果非常不错。所以，课程信息化中不能以什么样的工具来定论作品的等级，而是要以其对新课程理念的体现，对课程本质的展现来评价作品的价值。

需要说明的是，不以开发工具论出身，并不是否定工具的功能差异，目前关于信息化资源开发的工具很多。如文字工具 word、wps、cool3D 等，还有专门的文字排版编辑软件等；音频编辑工具：音频大师、Adobe Audition 等；图像处理工具：photoshop、Gold Wave、NG-Wave Audio Editor、AD Stream Recorder 等；动画制作工具：flash、3dmax 等；视频制作工具：绘声绘影、premier 及专业的视频制作系统大洋、索贝、奥维迅、新奥特等；多媒体合成工具：课件大师、authorware、powerpoint 等；网站开发工具：dreamweaver、frontpage 以及专业的 jsp、wap、php、java 等网站开发工具。所有这些工具都是各具特色，各有优缺点，各自适合不同领域。因此，基于新课程理念的课程信息化需要综合运用几个软件，集结它们的优点，做到运用自如，技术娴熟，技巧灵活等，才能实施好课程信息化。[②]

①　郭清邵：《几款多媒体课件制作工具软件的选择》，《小学教学设计》2007 年第 9 期。
②　汪志圣：《课件制作工具的综合使用》，《滁州学院学报》2005 年第 2 期。

第四章

基于新课程内容的课程信息化
现状研究及实践探究

第一节　课程信息化的现状调研与分析

关于课程信息化的相关提法比较少，但这并不等于课程信息化的相关研究比较少，因为根据已有的关于课程信息化的文献阅读和分析，发现已有的关于课程信息化的研究中，有的把课程信息化跟信息化教学完全等同，有的把课程信息化跟课程资源设计与开发等同，有的把课程信息化跟多媒体课件制作等同。因此，前期关于课程信息化的研究在一定程度上对于课程信息化的内涵界定和意义阐释并不是很明朗，所以相关研究没有突出课程信息化的特色、重点和本质区别。基于此，本研究在实证调研中对于课程信息化的调查进行了详细的规划和设计，希望能够得到更加准确的调研数据。

一　调查研究设计

（一）变量分析

课程信息化是一项比较复杂的过程，涉及很多因素，为了使本次调研对象明确，研究的问题清楚明了，对本次调研的自变量和因变量进行梳理，对变量关系进行细致的分析和归类。[①] 综合因变量是课程信息化现状；分类因变量是课程信息化内涵、课程信息化环境、课程信息化设计、课程信息化开发、课程信息化应用、课程信息化评价。每一类型的因变量对应若干自变量，课程信息化内涵的自变量：课程信息化的目

---

① 《多变量分析》，百度百科（http://baike.baidu.com/view/613565.htm）。

的、依据、概念、特点、范畴、主体、重点、难点、特色；课程信息化
环境的自变量：校园网络、机房、多媒体教室、领导支持力度、教师信
息化基础、课堂信息化程度、学校信息化氛围；课程信息化设计的自变
量：信息化设施、信息化资源、教师信息素养、课程内容分析；信息化
课程开发的自变量：视频技术、音频技术、网络技术、多媒体制作技
术、开发工具；信息化课程应用的自变量：应用目的、应用方法、应用
时间、应用过程；信息化课程评价的自变量：评价目标、评价标准、评
价方法、评价依据（见图 4 - 1）。

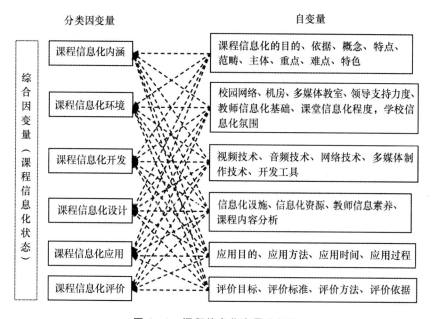

图 4 - 1　课程信息化变量分析图

（二）问卷设计

基于对调研自变量和因变量的分析，设计了"课程信息化调研问
卷"，最初设计问题 63 个小题目，经过仔细阅读，发现设计的问题太
多，有重复问题，最后经过归纳合并为 40 个小题目。对初步设计好的
问卷在湖北省咸宁市咸安区的西门小学和湖北大学附中针对学科教师各
发放 30 份问卷进行了试测，同时发布网络试测问卷，收回 140 份。学

校试测问卷和网络试测问卷共收回 200 份。根据试测反馈意见，并结合初步的问卷分析对问卷进一步做了修改、归纳和完善，题目缩小到 31 个，根据反馈意见绝大部分中小学老师对"课程信息化"的概念完全不了解，在正式问卷的卷首，附上了课程信息化概念，以便于老师能够对问卷内容作出比较准确的判断。

（三）样本确定

本研究主要针对湖北省中小学课程信息化现状进行调研，考虑到问卷的有效性及覆盖面等问题，对湖北省发放问卷 1000 份。根据湖北省地区的分布，按区进行调查，其中武汉 100 份，黄石 100 份，宜昌 80 份，荆州 60 份，孝感 60 份，荆门 60 份，鄂州 60 份，黄冈 60 份，咸宁 60 份，仙桃 60 份，天门 60 份，随州 60 份，襄樊 60 份，十堰 60 份，恩施 60 份。问卷调研范围基本覆盖湖北省整个地区（神农架片区及江汉石油片区没有调研）。

（四）调研工具

课程信息化情况反映在具体的教学实践中，基于此，本调查针对学科教师、学校领导及学校分别设计了教师调查问卷，领导访谈提纲及学校观察记录卡作为本次调研的工具。教师调查问卷主要是针对学校学科教师对课程信息化内涵、课程信息化设计、课程信息化的开发、信息化课程的教学应用及信息化课程的教学评价进行调研，获取相关数据。领导访谈提纲主要是针对学校领导对课程信息化的建设，对教师开展课程信息化的支持，对学校长远发展课程信息化的策略等方面进行座谈了解。学校观察记录卡主要是针对学校课程信息化硬件如机房、网络、多媒体教室等进行观察和记录，对学校教师人数、学生人数、班级数等进行记录，对学校多媒体课件及资源进行浏览统计和记录。

（五）资料处理

对于问卷调研数据笔者采用 Spss 工具进行统计和分析。首先是进行问卷效度分析，根据问卷情况，由于问卷中部分问题是关于教师对课程信息化认识的调研，如问卷中的第二题：您对课程信息化内涵理解吗，第三题：您认为课程在信息化教学中的作用，第四题：您认为教学中信息技术的作用等这类题型的问答可以用等级变量：非常（4 分）、比较（3 分）、一般（2 分）、不（1 分）来划分等级并赋值分数进行统计。但是还有一类问题如第八题：您认为课程信息化的重点是制作课件、开发网络课程、教材数字化，信息化课程的设计与开发，这类题型的问题选项不属于等级变量，而属于分类变量，无法赋值进行统计。因此，由于问卷中既有分类变量，又有等级变量，就不能直接进行 a 值统计来分析问卷的效度和信度，而是需要进行定性分析、质性分析来判断问卷的效度和信度。

效度分析。[①] 本调查的预期目标是：第一，掌握教师对课程信息化的了解程度；第二，掌握学校课程信息化硬件及环境状况；第三，掌握学校课程信息化课程资源开发情况；第四，掌握学校课程信息化中存在的若干问题；第五，掌握学校课程信息化应用及评价情况。根据以上目标，对问卷题目进行统计，题目 1、2、3、4、9、12 题是关于教师对课程信息化概念、内涵的理解及其对于课程信息化态度。题目 6、7、10、19、20 题是关于学校课程信息化硬件及状况的调研。题目 5、13、14、15 题是关于课程信息化资源的调研。题目 23、24、25、26、27、28 题是关于课程信息化存在问题的调研。题目 8、11、16、17、18、21、22、29、30、31 题是关于信息化课程应用及评价的调研。通过以上分析，所有题目符合预期目标调研要求，属于规定范畴内的有效问题，因此问卷效度可靠。

信度分析。[②] 首先是调研对象可信性分析，本次问卷调查发放对象是学校的学科教师，深入一线的学科教师对信息化教学有着亲身的体会，对课程信息化实践有着丰富的经验，他们对课程信息化的发言具有代表性，回答问题具有真实性；其次是问卷发放与填写的可信性分析，本次发放是本人亲自到学校进行实地调研，在学校领导的支持下跟老师们进行了调研说明，利用学校开会集中的时间发放问卷，当场填完当场回收，老师们在听完调研说明后集中填写问卷，表现积极，问卷填写认真，每个选项都是经过老师认真思考后填写，比较可靠；还有选择调研学校的可行性分析，本次选择调研学校的基本原则是不选择信息化教学很好的

---

　　① 《调查问卷的信度、效度分析法》，百度百科（http://wenku.baidu.com/view/0efc5e45b307e87101f696db.html）。

　　② 张淑莲：《信度分析和效度分析在毕业生追踪调查中的应用》，《河北广播电视大学学报》2005 年第 2 期。

学校，也不选择信息化教学极度困难的学校，而是选择发展一般的学校，主要目的是尽可能获得反映课程信息化平均水平的数据，排除了两个极端，这样获取的调研数据更接近于平均水平，更符合本次调研要求，更具有可靠性。最后是问卷回收率的可信性分析，本次调研在湖北省 15 个区发放问卷 1000 份，每个区选择 3—5 所学校发放问卷 60 份，总收回问卷 983 份，问卷回收率为 98.3%，因此问卷回收率可信。基于以上的分析，本次调研问卷从问卷设计、问卷试测、问卷发放、问卷回收等几个环节来看，问卷可信度比较高，符合一般调研的基本要求。

二　基本资料统计

问卷统计：对于收集的问卷，首先进行了废卷的清理，共发放 1000 份问卷，收回 991 份问卷，其中 8 份问卷没有填完，作为废卷处理，有效问卷 983 份。对于有效问卷将数据输入 Spss 统计软件进行统计，然后进行相关统计，涉及具体问题的分析，会根据实际问题作相应的分析，比如频数统计，信度分析，效度分析，相关性分析等。

访谈总结：提纲访谈主要是针对学校领导和信息技术教师进行，认真听取学校领导对课程信息化的理解和看法。作为学校领导，对信息化教学还是充满信心的，他们对于学校信息化教学的发展具有重要的决策力，领导看问题也会比较全面和客观，收集他们的信息对于我们的课程信息化实践有重要的指导意义。同时，对于信息技术教师我们也做了比较深入的提纲访谈，他们是一线的信息技术专业教师，对于解决一些信息化教学的现实问题的看法会从更加理性、更加实际的角度进行考虑，反映的信息更加准确，更能说明问题，对于我们研究课程信息化有着重要的参考意义。对于访谈信息的收集，笔者进行了同一主题，同一观点的归类，为后面的论证提供基础。

观察与记录：经学校领导同意，参观学校信息化设施，比如机房，多媒体教室等，记录观察的信息化设施情况，了解学校课程信息化资源建设策略、方案及现有资源的收集与储备情况。同时，对于调研的每个学校，有条件的情况下听两位老师的授课，每人一节课，观察老师在课堂教学中的信息化教学过程，多媒体课件的设计与制作情况，信息化教学方法，观察学生的学习状态及反应，进行详细的记录，事后进行整理归纳，作为论证观点的依据。

三　数据分析与应用

（一）课程信息化认识

1. 现状分析

概念理解：课程信息化是个比较新的概念，特别是基于新课程理念对课程信息化概念的界定跟信息技术与课程整合的界定有很大区别。所调查的小学教师对课程信息化的理解如表 4 - 1、表 4 - 2 所示，有 85.2% 的教师听说过课程信息化的术语，但是对于课程信息化完全理解的仅有 6.4%。这个数据跟访谈的记录有些差距，访谈共有 23 份记录，其中 18 份记录中对于课程信息化概念的回答是"完全不理解"，或者认为课程信息化就是"多媒体教学"。

表 4 - 1　　　　　　　您听说过课程信息化这个术语吗

选项	Frequency	Valid Percent	Cumulative Percent
有过	838	85.2	85.2
没有	145	14.8	100.0
Total	983	100.0	

表 4 - 2　　　　　　　您理解课程信息化的意思吗

选项	Frequency	Valid Percent	Cumulative Percent
完全理解	63	6.4	6.4
比较理解	360	36.6	43.0
理解一点	477	48.5	91.6
不理解	83	8.4	100.0
Total	983	100.0	

内涵把握：从下面表 4 - 3 和表 4 - 4 中的调查数据反映出，对于课程信息化内涵的理解，16.1% 的教师把课程信息化的重点理解为教材数字化，16.2% 的教师把课程信息化的重点理解为制作课件，21.3% 的教师把课程信息化理解为开发网络课程，46.5% 的教师把课程信息化理解为信息化课程的设计与开发，基于以上的数据可以判断接近 50% 的教

师对于课程信息化的重点理解还是比较准确，剩余半数老师对课程信息化重点理解更倾向于课程形式数字化，对课程信息化内涵理解有所偏移。对于课程信息化目的的理解 28.4% 的教师认为是提升课程价值，3.6% 的教师认为是展现技术魅力，4.2% 的教师认为是提升技术水平，10.7% 的教师认为是实现多媒体教学，22.5% 的教师认为是提升课程价值和实现多媒体教学的综合，认为四种作用都有的教师占 9.8%。

表 4 - 3 　　　　　　您认为课程信息化的重点是

选项	Frequency	Valid Percent	Cumulative Percent
制作课件	159	16.2	16.2
开发网络课程	209	21.3	37.4
教材数字化	158	16.1	53.5
信息化课程设计与开发	457	46.5	100.0
Total	983	100.0	

表 4 - 4 　　　　　　您认为课程信息化的目的是

选项	Frequency	Valid Percent	Cumulative Percent
1 提升课程价值	279	28.4	**28.4**
12	27	2.7	31.1
123	13	1.3	32.5
1234	96	9.8	42.2
124	48	4.9	47.1
13	28	2.8	49.9
134	62	6.3	56.3
14	221	**22.5**	78.7
2 展现技术魅力	35	**3.6**	82.3
23	7	0.7	83.0
24	7	0.7	83.7
3 提升技术水平	41	**4.2**	87.9
34	14	1.4	89.3
4 多媒体教学	105	**10.7**	100.0
Total	983	100.0	

2. 存在的问题

对于课程信息化的认知主要表现在对课程信息化目的、概念、内涵、重点的把握，关于课程信息化概念的理解85.2%的教师听说过"课程信息化"这个术语，85.2%的教师对课程信息化有一定了解。这个数据有些出乎所料，因为在提纲访谈及观察记录中，78.3%（18/23）的教师回答是从来没有听说过课程信息化，对课程信息化也不理解。这两种结果似乎有些矛盾，可以理解，访谈和观察是面对面地进行，数据更可靠。综合来看，课程信息化是个比较新的术语，大部分教师即使听说过，但是对于课程信息化的内涵和重点的理解并不准确，大部分教师认为就是多媒体课件制作。其实课程信息化的内涵远远不止于课件制作，认识上的偏差会导致执行上的误区，因此必须对课程信息化有一个完整系统的正确认识。

3. 解决办法

课程信息化不是为了故意制造新名词，而是有着一定内涵和思想引导的专业术语，是基于新课改的内涵出发，立足信息化教学实践，实现二者有效融合的一个具有学术意义的界定。要实现中小学教师对课程信息化有一个正确的认识，首先要进行概念解释，内涵分析，使得教师对于课程信息化树立概念框架，有初步的认识；其次要从实践上及课程信息化过程中鼓励教师参与和体验，参与的过程中从具体的课程信息化实践中自我体验和总结课程信息化的内涵；最后是将课程信息化范例作品进行前后对比分析，进行设计思路、开发依据、制作技巧的说明，以便加深教师对课程信息化的印象和理解。

（二）课程信息化环境

1. 现状分析

关于课程信息化环境的调研如表4－5和表4－6，仅有17.8%的教师反映学校有足够的课程信息化设施，40.7%的教师反映学校的课程信息化设施不能满足教师使用需求，31.6%的教师反映学校仅有少量设备，9.9%的教师反映学校基本没有信息化教学设施，11.3%的教师反映没有适用的教学软件，课程信息化资源不足，49.0%的教师认为开展课程信息化最大的困难是硬件条件不足。结合听课与观察，课程信息化环境方面，不同的学校差别很大，教学条件好一点的城市学校基本都有学生上机用的机房，有校园网及学校主页，教师有电子备课室，学校有一定数量的多媒体教室。但是大部分乡镇农村学校普遍仅有几个多媒体教室，没有专门的机房，教师备课用的计算机也不能保障。学校课程信息化的课程资源建设也是城乡差别很大，城市学校课程资源比较丰富，数量比较多，进行了专门的分类存储和积累，而乡镇学校课程资源比较零散，数量也比较少，并没有专门的分类存储。因此，从硬件环境和软件资源来看，课程信息化环境条件城乡差别很大，乡镇学校课程信息化资源建设还需要大力推进，城市学校课程信息化资源建设有待进一步完善和提升。

表 4 - 5　　　　　　您所在学校课程信息化设施情况

选项	Frequency	Valid Percent	Cumulative Percent
有专门足够的设施	175	17.8	17.8
有设施，不能满足使用需求	400	40.7	58.5
仅有少量设备	311	31.6	90.1
几乎没有设备	97	9.9	100.0
Total	983	100.0	

表 4 - 6　　　　　　您认为目前开展课程信息化的主要困难是

选项	Frequency	Valid Percent	Cumulative Percent
学校领导不重视	118	12.0	12.0
教师技术水平不足	272	27.7	39.7
硬件条件配备缺乏	482	49.0	88.7
没有适用的教学软件	111	11.3	100.0
Total	983	100.0	

2. 存在的问题

从调研实际情况来看，主要问题表现在三个方面：第一，城市少部分学校，乡镇大部分学校课程信息化硬件环境还是比较简陋，如表 4 - 6，49.0%的教师认为开展课程信息化最大的困难是硬件条件不足，学校信息化设施仅限于多媒体教室，没有专门备课用的机房，大部分学校没有开发和注册自己学校网站主页；第二，现有设备应用不足，有的学校有专用机房，有的学校有专门的电子备课室，但是由于网络问题，设备维护、维修与管理等方面的疏漏，使得学校设备使用效率不高；第三，城乡课程信息化环境差别很大，无论是从硬件环境还是软件资源来进行比较，城乡差距都很大，因此，乡镇学校课程信息化实践的难度更大。

3. 解决办法

课程信息化环境改变不是一时半会就能解决，需要一定的时间和经济条件支撑。课程信息化环境除了电子备课机房，多媒体教室之外，还需要搭建学校网络平台，开发和注册自己学校的主页为信息化课程的网络教学应用提供支持。课程信息化环境建设需要理智对待，需要长远规划，以适用为原则，综合考虑各方面条件来逐步建设和完善。基于以上的思考，解决问题的办法在于：第一，先用好现有资源，逐步完善缺少资源。在学校经济条件有限的情况下，非要等到硬件资源到位才开展课程信息化是不现实的，这就需要把现有设备充分利用起来，使其作用发挥到最大。第二，鼓励多方投资和多元筹资相结合来搭建学校课程信息化硬件环境。第三，争取立项投资，通过项目研发带动课程信息化硬件建设。

（三）课程信息化资源

1. 现状分析

通过调研数据表4－7、表4－8显示，学校现有课程信息化程度比较低，19.1%的教师选择了本校完全没有信息化的课程，55.2%的教师选择了本校有少部分的信息化课程，这两项加起来就占到了74.3%，因此，总体来说信息化课程建设还只是个起步。对于课程信息化的工具15.6%的教师选择了单一的 powerpoint 工具，15.0%的教师选择了单一的网络工具，2.8%的教师选择了 Authorware 工具，10.6%的教师选择了 flash 工具，其余56%的老师选择的是组合工具。

表4－7　　　　　　　您所在学校的课程信息化现状

选项	Frequency	Valid Percent	Cumulative Percent
所有课程都实现	56	5.7	5.7
大部分课程实现	196	19.9	25.6
少部分课程实现	543	55.2	80.9
完全没有	188	19.1	100.0
Total	983	100.0	

表 4 - 8　　　　　　您认为开发课程电子资源最理想的工具是

选项	Frequency	Valid Percent	Cumulative Percent
1 Power Point	153	15.6	15.6
12	63	6.4	22.0
1234	109	11.1	33.1
1235	7	0.7	33.8
124	110	11.2	45.0
13	35	3.6	48.5
134	14	1.4	49.9
14	139	14.1	64.1
2 网络工具	147	15.0	79.0
234	7	0.7	79.8
24	60	6.1	85.9
3 Authorware	28	2.8	88.7
34	7	0.7	89.4
4 Flash	104	10.6	100.0
Total	983	100.0	

2. 存在的问题

课程信息化资源存在的问题也是比较突出和严重。第一，课程信息化现有资源稀缺，现有资源中，大部分是教师自己的多媒体课件，比较零散，系统化完成一门课程资源的很少；第二，课程信息化资源质量问题，目前大部分课程资源跟课程相关，但是以精品资源或优质资源的标准来衡量的话还是有很大的距离，以单机版课件和数字幻灯片为主，高质量的网络化资源及 flash 动画比较少；第三，课程信息化资源存储问题，大部分课程资源都没有分类归纳，没有进行编号存储和积累，这也是导致资源重复开发，部分资源遗失的重要因素。

3. 解决办法

第一，根据课程内容分析，改造和完善现有资源，使其达到标准的课程资源，耗时少，难度小，实现起来比较容易；第二，通过提升教师信息技术素养及构建课程信息化资源开发团队，来有效提升课程资源质量，为课程信息化提供资源保障；第三，建立长效机制，对资源进行分门别类编号，以便长期积累和存储。总之，课程信息化软件资源方面，优质资源比较少，城市学校制作课件形式多样，开发工具也多倾向于网络课件和 flash 课件，而大部分乡镇学校都是以数字幻灯片为主，制作方法简单，优质资源稀缺。基于此，可以开展城乡互动，通过鼓励乡镇学校教师到城市学校进行参观、交流和学习，提升自己对课程信息化的认识，掌握相应的课程信息化技能。也可以邀请城市学校优秀教师到乡镇学校进行示范教学和课程信息化设计演示，以带动乡镇学校课程信息化资源建设。

（四）课程信息化设计与开发

1. 现状分析

关于课程信息化设计与开发的调研数据如表 4 - 9—4 - 12，课程信息化设计依据中，45.1% 的教师选择了依据新课程标准，30.9% 的教师选择了依据学校条件，3.6% 的教师选择了依据信息化政策。对于多媒体课件跟课程信息化的关系，73.1% 的教师选择了多媒体课件属于课程信息化的内容子项目。对于课程信息化开发工具的掌握中，46.9% 的教师认为掌握计算机技术非常重要，38.7% 的教师选择了比较重要。对网络技术的掌握 42.9% 的教师选择了非常重要，30.8% 的教师选择比较重要。总体来看，大部分教师对于课程信息化设计的基本思路和依据掌握还是比较准确，认识到了课程信息化必须掌握计算机技术及网络技术。

2. 存在的问题

尽管有 45.1% 的教师选择了课程信息化设计要依据"新课标"，但是在实际操作中，教师反映出新课标跟当前考核机制不配套，实践起来考虑更多的还是考试问题。因此，课程信息化设计中存在的主要问题是：第一，教师更多重视知识点的分析，信息化设计思维融入不够。课程信息化设计中，教师很重视考点的挖掘，唯恐忽视了哪个考点，但是对于知识点的信息化思考不够，很少提出独特新颖的信息化策略。第二，课程信息化设计融入的艺术美感不足。课程设计不是为了将纸质文字变化为电子文字，而是要融入艺术思维，把抽象的东西直观化，具体化，也要艺术化，以便于学生感知和理解。第三，课程信息化设计娱乐元素很少。课程信息化设计，不仅要有文本、图形、图像、声音、动画和视频，更重要的是还需要以幽默的方式融入游戏和娱乐元素，使得整个学习过程能够轻松进行。第四，课程信息化开发技术支撑不够。课程信息化开发中，教师的很多构思和想法很有新意，但是自己的开发技术不足以实现出来，这也是当前教师信息技术技能需要提升的地方。第五，课程信息化开发没有团队化。目前的课程信息化还只停留在教师自主制作多媒体课件的阶段，没有团队化的开发力量。

3. 解决办法

课程信息化设计与开发对教师要求很高，需要教师具备文学、音乐、美术、传播学、教育学、心理学等综合素养，还需要很好掌握信息技术。因此，解决以上问题的策略在于：第一，要把传统知识的学习转化为学生智慧的提升，知识点的分析和强调是必需的，但是不能仅仅停留在此，需要以新课程的思想来解决知识的学习和能力提升问题，通过知识点的信息化转变，使得学生能够理解知识，内化知识为能力，而不是记住知识。第二，课程信息化设计，从界面设计、色彩搭配、动画设置、视频应用等都要体现艺术美感，融入艺术气息，符合人类欣赏美的规律，这样的设计才是体现了设计的内涵，否则就成了资源的堆积，体现不出设计的价值。第三，课程信息化设计不能一板一眼，娱乐思维、游戏策略的融入很重要，这也正是新课程理念所倡导的学生为本，重视学习者的学习体验和感受，注重学生认知情感元素的激发，把知识转化为游戏活动或者娱乐过程，使得学生愿意学习，想学习，能学好。第四，提升教师课程信息化技术与技巧。这需要针对具体问题，把任务驱动和问题解决结合在一起，帮助教师在完成任务的过程中不断解决问题，解决问题的同时掌握必要的技术和技巧。传统的普适性培训早已让老师厌烦，效果不佳，把教师教学的任务和学习的技巧对接，使得教师既完成了任务，也解决了问题，还提升了技术技能，掌握了必要的技巧。第五，课程信息化仅靠教师个人的力量显然是不够的，构建学科教师、信息技术教师及学科专家的开发团队，对于课程信息化的实施才能够系统化，有序化，规模化，专业化发展。有专家把脉，有技术支撑，有专业思维，课程信息化才能在真正意义上提升水平。

表4-9　　　　　　　　　　实施课程信息化的主要依据是

选项	Frequency	Valid Percent	Cumulative Percent
依据教育技术	201	20.4	20.4
依据新课程标准	443	45.1	65.5
依据学校条件	304	30.9	96.4
依据信息化政策	35	3.6	100.0
Total	983	100.0	

表4-10　　　　　　　课程信息化中对计算机技术的掌握

选项	Frequency	Valid Percent	Cumulative Percent
非常重要	461	46.9	46.9
比较重要	380	38.7	85.6
一般重要	139	14.1	99.7
不重要	3	0.3	100.0
Total	983	100.0	

表4-11　　　　　　　课程信息化中对网络技术的掌握

选项	Frequency	Valid Percent	Cumulative Percent
非常重要	422	42.9	42.9
比较重要	303	30.8	73.8
一般重要	216	22.0	95.7
不重要	42	4.3	100.0
Total	983	100.0	

表4-12　　　　您认为多媒体课件制作跟课程信息化的关系

选项	Frequency	Valid Percent	Cumulative Percent
就是课程信息化	76	7.7	7.7
包括课程信息化	181	18.4	26.1
属于课程信息化的部分	719	73.1	99.3
不相关	7	0.7	100.0
Total	983	100.0	

（五）课程信息化评价

1. 现状分析

关于课程信息化评价的调研数据如表4－13—4－15，67.0%的教师选择了课程信息化需要实践来验证，选择教师评价和学生评价的比例分别为12.5%和18.3%，选择专家鉴定的比例是2.1%。这表明课程信息化实践是验证课程信息化效果的最主要方式。对于课程信息化的评价方式单独选择发展性评价的教师为7.7%，单独选择诊断性评价的教师为3.6%，单独选择总结性评价的教师为4.1%，单独选择实践性评价的教师为28.2%，其余56.4%的教师选择了几种评价方式的组合。这些数据再一次反映出教师很重视实践评价方式。对于课程信息化效果表现的调查，3.5%的教师选择了学生成绩的提高，7.1%的教师选择了学生能力的提升，3.4%的教师选择了学生技能的长进，16.9%的教师选择了学生学习快乐的体验。其余71.1%的教师选择了几项技能的共同提升，认同学生快乐体验的教师总数占78.3%，认同学生成绩提升的总数占33.6%。

表4－13　　您认为课程信息化达标的评判依据是

选项	Frequency	Valid Percent	Cumulative Percent
专家的鉴定	21	2.1	2.1
教师的评价	123	12.5	14.6
实践的验证	659	67.0	81.7
学生的评价	180	18.3	100.0
Total	983	100.0	

表4－14　　您认为比较适合课程信息化的评价方式是

选项	Frequency	Valid Percent	Cumulative Percent
1 发展性评价	76	7.7	7.7
12	14	1.4	9.2
123	7	0.7	9.9
1234	131	13.3	23.2
124	35	3.6	26.8
13	14	1.4	28.2

续表

选项	Frequency	Valid Percent	Cumulative Percent
134	83	8.4	36.6
14	130	13.2	49.8
2 诊断性评价	35	3.6	53.4
23	41	4.2	57.6
234	27	2.7	60.3
24	14	1.4	61.7
3 总结性评价	40	4.1	65.8
34	56	5.7	71.5
4 实践性评价	280	28.5	100.0
Total	983	100.0	

表 4-15　　　　　　　　课程信息化的效果表现在

选项	Frequency	Valid Percent	Cumulative Percent
1 学生成绩的提高	34	3.5	3.5
123	14	1.4	4.9
1234	226	23.0	27.9
124	35	3.6	31.4
14	21	2.1	33.6
2 学生能力提升	70	7.1	40.7
23	63	6.4	47.1
234	146	14.9	62.0
24	140	14.2	76.2
3 学生技能长进	33	3.4	79.6
34	35	3.6	83.1
4 学习快乐体验	166	16.9	100.0
Total	983	100.0	

2. 存在的问题

关于课程信息化评价是个难题，存在的主要问题：第一，课程信息化评价还是以成绩衡量一切。由于新课改的实践方式先行，而评价体系与考核方式滞后，导致如今的评价方式还是接近传统的应试评价，跟信息化教学评价方法及新课程评价思想不一致，还是以成绩为重的评价思想起着主导作用。第二，课程信息化的评价依据模糊不清。新课程提出的评价依据是宏观性的指导方针，也许具体到了学科，却没有具体到学生。因此，课程信息化评价依据比较模糊，不够明朗和清楚。第三，课程信息化的评价方式没有创新。课程信息化评价涉及课程信息化活动的评价及课程信息化效果的评价，二者有着不同的本质。除了表 4 – 14 列举的评价方式外，没有关于信息化教学特色的评价方式。第四，课程信息化的评价标准不详。课程信息化效果评价跟新课标要求的学习效果评价具有一致性，但是没有具体的效果评价标准和体系，而是一种提纲式的标准。第五，课程信息化的体验性评价没有先例。课程信息化是通过信息化手段完成课程的设计与开发，实现更好的信息化教学，学习效果除了成绩反映之外，学生的学习体验也很重要，就目前来说还没有一份科学的学习体验评价体系。

3. 解决办法

第一，针对注重成绩的评价现状，需要和教师及学校领导多进行沟通、交流，消除他们担心课程信息化会影响学生成绩的错觉。成绩评价是必要的，但不要当作唯一标准，通过课程信息化，进行更好的信息化教学实践不是为了降低学生的成绩，而是为了更轻松，更容易的让学生在提高成绩的同时得到全能发展。而且，信息化课程在教学中能够得到恰当应用，使其作用发挥出来，学生的成绩只会提升，而不会降低。第二，依据新课程标准构建课程信息化效果评价体系，评价体系可以分为若干模块，比如学习知识考核模块，学习能力考核模块，学习过程记录模块，学习情感体验模块，学习品德跟踪模块等。学习知识考核模块主要考核学生对知识的理解和消化情况；学习能力考核模块主要考核学生把知识融会贯通，变为自己的智慧，能够解决相应问题的能力；学习过程记录模块考核学生的学习过程情况，参与程度等；学习情感体验模块主要考核学生学习过程中的情感、态度价值观的转变；学习品德跟踪模块记录学生的品行表现。

四　本次调查小结

本次课程信息化调研是经过精心设计的，发放问卷范围广，问卷回收率高，调研数据在一定程度上能够反映课程信息化的现实问题，这为笔者所进行的课程信息化实践及课程信息化策略提供了一定的参考依据。同时，在问卷调研的过程中也发现了一些问题。第一，中小学教师经常会被要求填写调查问卷，因此他们在繁忙的工作中疲于填写问卷，对于问卷的填写不一定很慎重，这样调研的数据在一定程度上准确度会降低。笔者还采取了提纲访谈及观察记录进行信息的补充，尽可能做到收集的信息数据有效。第二，尽管对问卷进行了反复的斟酌和试测，但是部分问题设计还是不够合理，不够科学，给后面的数据处理和统计带来麻烦。第三，对数据的分析深度还是不够理想。

第二节　课程信息化实践探究

一　实践目的

《国家中长期教育改革和发展规划纲要（2010—2020 年）》出台，第十九章中提出了加快教育信息化进程的三条指导意见：一是加快教育信息基础设施建设；二是加强优质教育资源开发与应用；三是构建国家教育管理信息系统。[①] 基于此，我们可以看出国家对于在未来 10 年的教育发展中，非常重视教育信息化的进一步深入发展。如何实现教育信息化的深入发展和高效发展，笔者立足课程，希望通过课程信息化来更加有效地实现新课程目标，更加有效地体现信息技术的教育价值，更加有效地推进教育信息化的进一步发展。因为教育信息化发展到今天，基础设施建设取得了突破性进展[②]，也积累了比较成熟的信息化教学理论，可是在信息化教学实践中，信息化教学方法的缺失导致信息化教学实践难以操作和进行。所以，信息化教学应该"着陆"于教学实践，做到理论与实践相结合，通过实践进一步验证理论和完善理论。基于此，湖北大学教育学院跟湖北省咸宁市咸安区的西门小学签订了合作协议，就该校信息化教学进行专项研究，希望通过课程信息化的

---

① 《国家中长期教育改革和发展规划纲要（2010—2020 年）》，新华社 2010 年 7 月 29 日电（http://www.gov.cn/jrzg/2010-07/29/content_1667143.htm）。

② 葛彩虹、金炳尧：《校园信息化环境建设与信息素养培养》，《中国教育信息化》2009年第 20 期。

项目来创建西门小学的信息化教学特色，提升该校信息化教学水平。综合考虑学校现实条件、师资力量、教学任务、发展重点及长远目标等情况，制定了本次项目实践的主要目的是：

第一，通过课程信息化实践验证课程信息化理论及其指导思想的有效性；

第二，通过课程信息化实践来切实提升西门小学信息化教学水平；

第三，通过课程信息化实践来探索西门小学信息化教学发展的新思路；

第四，通过课程信息化实践来提升促进西门小学有效教学、有效课堂的发展。

二　实践对象

以项目为基础，我们跟学校领导进行了沟通和交流，以西门小学整体信息化教学为实践对象，重点对小学四年级的课程信息化进行展开，重点课程是对小学四年级语文和数学进行预实践，然后逐步带动和辐射其他所有年级及学科的课程信息化实践。初步选择四年级开始课程信息化原因：第一，从教师角度考虑，四年级课程教师较年轻，容易接受教学改革新思想，也善于主动进行教学创新，乐于参与课程信息化教学研究尝试；第二，从学生角度考虑，四年级学生比较大，有一定的鉴赏能力，容易配合教学实验，而且四年级学生没有升初中的压力，便于大胆进行项目实践。基于对师生双方情况的考虑，我们的课程信息化实践首先在四年级展开，开展了项目动员思想交流会，项目内容沟通交流会，案例课程内容分析研讨会，案例课程信息化设计研讨会，案例课程信息化开发研讨会，案例课程信息化教学评议会等。在横向上以四年级课程信息化为重点，也会适当考虑纵向上以某一课程为主要对象辐射其他年级，通过四年级课程信息化活动带动其他年级自愿参与课程信息化，逐步实现有效教学。

三　实践方法

基于学校的实证研究法。主要是针对学校课程信息化环境如校园网络，课程信息化设施如机房、网络教室、多媒体教室、计算机数量等进行实地观察、统计，并结合问卷调查等获取西门小学信息化教学环境状况。

基于课堂的教学评议法。在这个过程中我们采取了循环评议法，即老师先不受任何条件限制，就是根据自己的理解按原来的套路完成自己的教学，项目组人员及学校领导和专业教师参与课堂听课，听完之后对课程设计、授课方法、多媒体课件的教学效果、学生的参与程度等进行客观真实的评议讨论，提出优点以便进一步发挥更好。对于不足之处提出解决方案，针对老师自己的教学风格和特长，量身定做一套新的教学方案。完后再进行第二轮的授课与听课，依次经过几个循环，达到项目预期的要求和标准为止。

基于课程的内容分析法。内容分析是在学科专家指导下以学科教师为主来进行。主要是对课程内容本身进行详细分析：第一，依据新课程的三维目标，分析出内容的学习目标；第二，分析出内容的知识点，描述该知识点的学习目标；第三，分析出知识点的表现手法和信息化策略；第四，分析出知识点的教学方法和学习策略；第五，分析出内容的重点和难点，思考如何发挥信息化手段的优势，对重点和难点起到巩固和强化作用；第六，分析出内容的形成性练习策略及练习题。

基于教师的提纲访谈法。无论是信息化教学还是课程信息化，教师是主要的参与者，也是主要的决策者，成败之间，教师的作用有着非常的分量。因此，在跟老师进行沟通和交流的过程中，通过提纲访谈，心对心交流，了解教师对课程信息化的看法，了解教师对信息技术的掌握程度，了解教师对课程的把握程度，了解教师的教学风格及教学特色，了解教师信息化教学中遇到的问题，据此为教师的信息化教学提供有效帮助和支持。

基于学生的互动问答法。课程信息化是基于新课程理念的课程信息化，以学生的发展为根本宗旨。因此，课程信息化的效果还需从最真实可爱的学生身上得到验证和确认，通过跟学生的谈心了解他们的学习体验、询问他们的学习感受、观察他们的学习状态、接受他们的学习建议等。这个环节主要是获取教学反馈信息和评价课程信息化效果的重要过程。

基于个案的案例分析法。对于课程信息化中内容分析表、课程信息化设计表、课程信息化开发作品等，比较成功的范例进行集体研讨，借鉴成功之处，克服和改进不足之处。成功的案例分析对于带动其他老师参与的积极性和自信心都有很大的激发意义，为后续工作的顺利有效进行提供了重要动力。

基于作品的前后对比法。对于课程信息化教案、课程信息化资源及课程信息化教学实况，我们特别注重对最初的原始资料到最后的信息化过程完善资料二者的对比，在对比中才能看到进步。通过对比，参与项目的教师亲身体会变化过程，感受非常深刻，对于他们参与后续的工作有着非常重要的动力作用。

四　实践过程

课程信息化是在课程实践中来完成的，几个主要工作环节是：第一个环节是对课程内容进行分析，依据新课标分析课程内容的知识点、重点和难点；第二个环节是对每个知识点的信息化设计思考，考虑所对应知识点的信息化表达方式，选择最适合的信息化表现符号；第三个环节是课程信息化资源开发，就是根据设计的思路，将课程开发成相应的多媒体形式；第四个环节是信息化课程的"娱教"应用，注重融入寓教于乐的思想，通过虚拟互动、数字游戏、角色参与等方式融入娱乐元素，实现轻松愉快的教和学；第五个环节就是信息化课程的教学评价，注重体验性评价，在考核知识的同时注重学生能力提升及学习情感体验的变化。

（一）解决思想困惑：基于新课程理念的课程信息化规划

西门小学是咸安地区最好的小学，生源非常充足，在校学生达到2600多人，四年级每个班级人数都超过60人。老师的教学水平、学校的教学质量、意蕴深刻的学校文化、富有特色的课前阅读课和写字课都得到教育管理部门和学生家长的充分肯定，学校一贯坚持的"精彩教育"也是名副其实，实施得非常好。但是在信息化教学方面处于比较落后的状态，没有校园网络，没有注册学校网站，没有网络教室，没有专职的信息技术教师，没有系统化的课程资源，仅有几个多媒体教室。领导和教师对信息化教学的实施比较积极，但是存在着思想困惑，如何有效实现信息化教学的长效发展（远期目标）？如何把信息化教学跟学校发展融为一体（当前目标）？如何把信息化教学与有效课堂联系起来（课堂目标）？如何提升教师的信息化教学水平（能力目标）？这几个方面的困惑其实是关乎学校和教师发展的最重要问题，基于这样一个现状，摆在我们面前一个最主要的问题就是着眼长远，立足现状，针对该校具体情况拿出该校未来的信息化教学发展规划。经过慎重思考，我们确定了"基于新课程理念的课程信息化"规划方案。这一规划的理由是：第一，信息化教学的方向问题。方向决定未来，方向错了，后面的工作可能就会跟着一错千丈。信息化教学如果脱离新课程理念，就会丢失本源，就会迷失方向，变成了形式上的信息化，而没有内容上的创新。因此，信息化教学的方向还是教学，目的在于更好地实现新课程目标。第二，信息化教学的范畴问题。当前的信息化教学提倡资源开发，但是在资源开发过程中脱离课程，大量的工作是围绕课程周围开展，忽视课程，没有看到课程的重要性。教育改革从课程着手，足以显示课程的重要性，课程信息化就是要引导课程资源开发回归课程，不在于量的多与泛，而在于质的精与优。第三，信息化教学中人的问题。信息化教学是为人设计的，目的还是达到人的提升。课程是连接师生的桥梁和中介，课程信息化的目的在于更好地搭建师生沟通和交流的桥梁，这座桥梁在师生信息流通方面起着至关重要的作用，也是师生提升和交流的有效途径。所以课程信息化先要提升人（教师）对课程信息化的全面认识，认识到课程信息化的内涵、作用和意义。这样才便于老师心甘情愿的参与其中，在课程信息化的实践中提升和锻炼自己。

（二）提高认识层次：基于新课程理念的课程信息化阐释

课程信息化这个名词对于该校教师来说还是一个比较陌生的概念，对于其内涵无法准确理解。不理解也就预示着没法参与，因为他们不知道要做什么，做了能有什么效果。基于此，我们对基于新课程理念的课程信息化进行了比较精确的定义和阐释：**课程信息化**是以课程为主体，通过基于新课程理念的课程内容分析，基于数字技术的课程资源设计与开发，基于"娱教"思维的课程应用，基于情感体验的课程评价，来实践新课程的信息化教学过程。对这一概念的阐释：第一，强调以学生发展为根本宗旨。以生为本既是新课程理念的体现，也是课程信息化的根本所在。第二，强调课程的主体性。课程是教学中的重要元素，是连接师生的重要桥梁。在信息化教学实践中，人们往往把课程抛在脑后，在积极开发各种资源的同时，却忽视了课程本身，使得课程信息化本末倒置。第三，突出信息化教学设计的原则。基于新课程理念的课程信息化虽然强调以课程为主体，但也离不开信息化教学设计，而且要遵照信息化教学设计的原理、规则和方法，既要有创新思想的融入，也要有艺术美感的渗透。第四，强调提升课程本身的内驱力，使课程发挥出更大的作用，而不在于用什么层次的软件来设计和开发课程。第五，重视寓教于乐的方法。新课程改革重视学生的学习感受和体验，基于新课程理念的课程信息化必须通过有效的方法来实现寓教于乐，使学生能够实现轻松愉快的学习。基于此，本概念中融入了"娱教"思维，竭力探索有效的信息化教学方法。通过对基于新课程理念的课程信息化的内涵进行阐释，学校领导及老师对课程信息化的认识逐步深入，积极参与的热情也开始升温。对课程信息化的认识需要一个过程，但是有一个比较准确的概念支撑，老师们对大的方向问题把握才不至于偏离。

（三）培训设计能力：基于新课程理念的课程信息化设计

课程信息化设计就是通过对课程内容进行分析，分析出知识点，分析出重点、难点，然后对各个知识点及重点和难点提出信息化设计方案，比如课程内容中的知识点适合什么样的表达方式，文本、图形、图像、声音、动画还是视频？适合选用什么样的媒体，粉笔黑板、标本、模型、挂图、道具、多媒体、网络等？所选媒体该如何使用，如设疑—播放—讲评、讲解—播放—概括、设疑—播放—讨论、播放—提问—讲解、一边播放一边讲解、学生利用媒体探索解决问题的方案等？[①] 所选媒体发挥什么样的作用等进行详细描述，完成课程信息化教案。再根据信息化教案开发出相应的多媒体课件及所需课程资源。需要说明的是，课程信息化，并不是所有知识点都要牵强电子化，而是要根据内容特点，选择最适合的方式，包括传统媒体的应用及手工教学道具的

---

① 张红辐：《浅谈课堂教学媒体使用误区》，《中小学电教》2009 年第 4 期。

制作等，重点在于适合二字，适合的媒体表达方式才能准确有效地展现知识点的特色。[①] 这一个环节中最大的障碍在于老师们的信息技术水平比较薄弱，所设想的效果无法通过自己的技术来实现。基于此，借助信息化设计及开发这个环节，我们跟老师协商制订了规范的信息化教案格式，组织教研组细心完成信息化教案设计，并经过多次讨论和修订进行完善（设计范例见表4-16）。

表4-16　　　　　　　西门小学"课程信息化教案"设计

学科科目	语文		课文名称	第15课：《猫》
所选教材	人教版		所属年级	四年级上册
必要课时	课时（40分钟）		设计时间	2011.5.20
设计教师	案例（本人设计）			

一　教学内容简介

　　本篇课文有四个自然段。第一段主要讲述了猫的性格有古怪的一面，比较贪玩，捉老鼠的时候却很尽职。第二段讲述了猫高兴时所表现出的一些特征：温柔、蹭腿、抓痒、叫声、念经（咕噜）。第三段讲述了猫容易躲藏，也有勇敢的一面，跟蛇斗。第四段讲述了幼猫的可爱与淘气，言谈中表达了作者对猫的喜爱之情。

二　学生特征分析

	知识基础	认知结构变量	认知能力	
智力因素	本班学生具备基本的读写和识字能力	大部分学生家里有过养猫的经历，对猫的相关知识及生活习性有一定的了解	本班学生语文素养比较高，具备学习本课程的能力	
非智力因素	年龄特征	学习态度	动机水平	学习风格
	11—13岁	积极上进	学习欲望强	善于思考、善于发现问题

三　教学目标分析

知识与技能目标	能够识字、感情朗读，掌握猫的特征和习性
过程与方法目标	能够唱猫歌，学猫步，表演猫技，说猫特点，画猫图像
情感、态度和价值观目标	能够感受猫的温柔，同情猫的命运，总结人与动物的关系

---

　　① 冯霞、李子运：《从教师层面探讨教学媒体使用率提高的有效途径——江苏中小学教学媒体现状调查》，《江苏广播电视大学学报》2008年第5期。

续表

四　教学内容分析与媒体选择		
知识点	分析过程	
第一段：猫的性格古怪 ①**老实**：很乖，无忧无虑，睡大觉； ②**出走**：任凭谁的呼唤，都不回来； ③**尽职**：非把老鼠等出来。	知识类型	①事实②概念③问题解决
	学习目标	①识记②理解③分析
	目标描述	①**识记**主要关键词 ②**理解**关键词的意思 ③**分析**作者如何表达了猫的**古怪**性格
	表达形式	每一个特点用三张猫的对应图片展示
	所用媒体	幻灯片演示
	媒体作用	提供感性认识，使学生更容易理解关键词，知道猫的古怪
	所用时间	展示图片2分钟
	使用方法	一边展示一边提问，引导学生自己看图说话
第二段：猫的性格温柔 ①**蹭腿**：用身子蹭你的腿； ②**抓痒**：让你给它抓痒； ③**印花**：在稿纸上踩几朵小梅花； ④**叫唤**：丰富多腔地叫唤； ⑤**念经**：咕噜咕噜； ⑥**无声**：不高兴。	知识类型	①事实②概念③技能④问题解决
	学习目标	①识记②理解③分析
	目标描述	①**识记**主要关键词 ②**理解**关键词的意思 ③**分析**作者如何表达了猫的**温柔**性格
	表达形式	**蹭腿**：视频播放（1分钟左右） **印花**：用图片展示 **叫唤**：播放猫的叫声
	所用媒体	幻灯片演示
	媒体作用	通过图像及视频帮助学生感知和理解
	使用时间	展示图片2分钟，视频播放一分钟
	使用方法	一边展示一边提问，引导学生自己看图说话
第三段：猫的性格**双重性** ①**胆小**：藏起来； ②**勇敢**：与蛇斗。	知识类型	①事实②概念
	学习目标	①识记②理解③分析
	目标描述	①**识记**主要关键词 ②**理解**关键词的意思 ③**分析**作者如何表达了猫的胆小与**勇敢**性格
	表达形式	**胆小**：静态图片（10秒） **勇敢**：猫与蛇斗的图片（10秒）
	所用媒体	幻灯片演示
	媒体作用	通过图像帮助学生感知和理解关键词及猫的性格
	使用时间	展示图片20秒
	使用方法	一边展示一边提问，引导学生自己看图说话

四　教学内容分析与媒体选择		
知识点	分析过程	
第四段：**淘气**的小猫 ①**耍**：没完没了； ②**跌**：越跌越勇； ③**撞**：疼了也不哭； ④**辟**：新的游戏场； ⑤**折**：枝折花落。	知识类型	①事实②概念
	学习目标	①识记②理解③分析
	目标描述	①**识记**主要关键词 ②**理解**关键词的意思 ③**分析**作者如何表达了小猫的**可爱**与**淘气**性格
	表达形式	**小猫可爱**：视频（1分钟） **小猫折枝**：静态图片图像（10秒）
	所用媒体	幻灯片演示
	媒体作用	通过图像及视频帮助学生感知和理解小猫的性格
	使用时间	展示图片20秒，视频播放1分钟
	使用方法	一边展示一边提问，引导学生自己看图说话
教学重点分析	①重点词汇：**屏息凝视** ②重点句子：**任凭……也……；非……不可……；无论……也……** ③连词用法：说它老实吧……**可是**……；说它贪玩吧……**可是**……	
教学难点解决	用重点句子造句，引导学生说出正确的句子	
总结与升华	①文章如何表达猫的古怪性格（**巩固重点词**） ②文章表达了作者对猫的特别喜爱之情（**作者爱猫**） ③引导学生对猫的同情与呵护（**猫是人类的朋友**） ④人类向猫学习（**走猫步**） ⑤点明人与动物的关系（**爱护小动物**）	
五　教学环境分析		
普通教室		
多媒体教室	选择多媒体教室，借助多媒体播放ppt辅助教学	
网络教室		

六　课堂教学过程设计			
教学环节	教师活动	学生活动	媒体应用
导入 （3分钟）	老师提问：你们平时喜欢看动画片吗？	学生回答：是	
	老师：那我们就给大家看一个小小的动画片	观看动画片《猫咪别淘气》（儿歌MTV）	播放《猫咪别淘气》动画片，**吸引**学生注意力，**激发**孩子学习兴趣
	老师提问：这个动画片的主角是谁？	学生回答：猫	
	老师提问：那你们对猫的特性了解多少呢？	学生回答：不太了解	
	老师：好，我们今天就来通过《猫》这篇课文的学习全面了解猫的特性		幻灯片切换到《猫》的主页，鼠标移动到标题，有猫的叫声

续表

<table>
<tr><td colspan="4">六　课堂教学过程设计</td></tr>
<tr><td>教学环节</td><td>教师活动</td><td>学生活动</td><td>媒体应用</td></tr>
<tr><td rowspan="11">第1段
(15分钟)</td><td>老师提问：生活中你看到的猫具有什么样的性格特点？</td><td>学生：举手回答</td><td>在黑板上列举板书</td></tr>
<tr><td>老师：点评、纠正和鼓励</td><td></td><td>切换到第一张幻灯片</td></tr>
<tr><td>老师：要求学生有感情齐声读第一段，寻找文中对猫的性格的描述</td><td>学生：齐读课文</td><td>看文字教材第一自然段</td></tr>
<tr><td>老师提问：第一自然段主要写猫的什么性格？</td><td>全体回答：古怪</td><td></td></tr>
<tr><td>老师提问：哪些方面表现出猫的古怪？</td><td>个别回答：老实
个别回答：出走
个别回答：尽职</td><td>在书本上画出关键词</td></tr>
<tr><td>老师：那我们更直观的看看猫的老实与尽职</td><td></td><td>3张图片展示猫的老实
3张图片展示猫的尽职</td></tr>
<tr><td>老师：猫捉老鼠时屏息凝视，谁表演一个屏息凝视的动作？</td><td>学生举手：表演</td><td></td></tr>
<tr><td>老师：谁解释一下屏息凝视的意思？</td><td>学生举手：解释</td><td></td></tr>
<tr><td>老师：有几个关键句子，老师领读任凭……也……；非……不可……；无论……也……；说它老实吧……可是……；说它贪玩吧……可是……</td><td>学生跟读</td><td></td></tr>
<tr><td>老师点学生用以上关键词造句，并进行点评和补充</td><td>学生造句</td><td>板书学生表达中的关键词</td></tr>
<tr><td rowspan="4">第2段
(10分钟)</td><td>老师：要求学生默读课文，找出描写猫的性格的关键词</td><td>学生默读</td><td>看文字教材第二自然段</td></tr>
<tr><td>老师：第二段主要写猫的什么性格？</td><td>学生回答：温柔</td><td>切换到第二段幻灯片</td></tr>
<tr><td>老师提问：猫的温柔性格表现在哪里？</td><td>个别回答：蹭腿
个别回答：抓痒
个别回答：印花
个别回答：叫唤
个别回答：念经
个别回答：无声</td><td>视频展示蹭腿的动作
图片展示印花的效果
声音感受叫声的变换</td></tr>
<tr><td>师问：猫很温柔，猫上班吗？工作是什么？</td><td>生答：捉老鼠
生答：走猫步</td><td></td></tr>
<tr><td>老师点学生走猫步，老师点评和表扬</td><td>学生：猫步表演</td><td></td></tr>
</table>

六　课堂教学过程设计			
教学环节	教师活动	学生活动	媒体应用
第3段（2分钟）	要求学生**听读**同桌读本段，然后回答问题	同桌互听互读	看教材
	师问：第三段写了猫的什么性格？	生答：勇敢与胆小	切换到第三段幻灯片
	老师补充：就是写了猫的双重性格		图片展示猫的勇敢：猫与蛇斗
第4段（5分钟）	老师：**领读**本段	学生**跟读**	看文字教材第四自然段
	师：大家尝试从本段找出描写小猫性格的关键词	生答：①**耍**：没完没了；②**跌**：越跌越勇；③**撞**：疼了也不哭；④**辟**：新的游戏场；⑤**折**：枝折花落。	幻灯片显示以上特点
	师问：这一段主要写的是猫爸爸、猫妈妈还是猫仔仔？	生答：幼猫	
	师问：概括性的说这一段主要写了幼猫的什么特点？	生答：可爱与淘气	
	教师播放视频	学生观看	视频展示幼猫的可爱与淘气
	教师切换幻灯片	学生观看	图像展示小猫枕线团
	教师切换幻灯片	学生观看	图像展示小猫荡秋千
总结升华（5分钟）	①师问：文章如何表达猫的古怪性格？（**巩固重点词**）	学生回忆、复述：老实、可爱、尽职、淘气等	幻灯片切换到总结页
	②师问：文章如何表达了作者对猫的特别喜爱之情（**作者爱猫**）	复述：稿纸上的梅花印	幻灯片展示梅花脚印
	③引导学生对猫的同情与呵护（**猫是人类的朋友**）师问：有没有听说过流浪猫？	生答：有	救助流浪猫的新闻人类对猫的喜爱视频片段
	④人类向猫学习（**走猫步**）	学生表演猫步	模特走步，有音乐
	⑤点明人与动物的关系（**爱护小动物**）		展示很多可爱小动物

续表

七　教学流程图

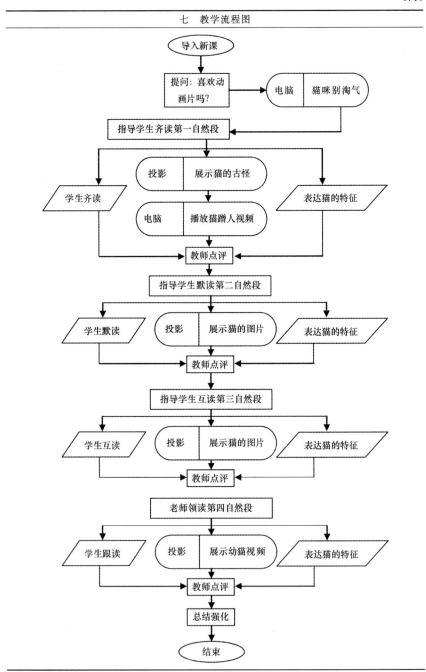

续表

八 形成性练习题和开放性思考题的设计		
知识点	预期学习水平	练习题目内容
屏息凝视	学生理解该词的意思	①用自己的语言解释该词的大意
任凭……也……； 非……不可……； 无论……也……	理解句子的用法，会造句	②说明这个句子表达的语气 ③用以上词自己会造句
九 教学反思及修改意见		

（四）提升技术水平：基于新课程理念的课程信息化资源开发

完成了课程信息化设计，就需要按照设计思路开发相应的课程信息化资源。对于信息化课程开发来说，最主要的是技术问题。[①] 小学教师对课程的挖掘很有深度，教学也很有特色，但是对于技术的掌握难度就很大，由于他们本身计算机技术基础比较薄弱，很难把他们内心对课程的设计思维变成现实的多媒体形式，要在短时间内要求他们掌握高深的技术显然是不现实的。[②] 最初的计划准备进行多媒体技术培训，但是通过交流探知老师们内心深处对培训很有抵触情绪，因为他们参加过很多次培训，每次都学习一点点，没过多久全忘记了，收效甚微，也很浪费时间。基于此现状，我们改变了计划，不做专门的培训，免得引起老师们的反感。我们给项目组的老师分配了信息化设计及开发的任务，当他遇到问题时我们专门针对具体解决问题的过程把相关技术传授给他们，老师们遇到的难题解决了，技术也学到了，效果很好，也很受老师们的欢迎。开发过程中我们以具体内容的实现过程手把手教老师们完成多媒体课件制作的关键环节。如利用 photoshop 设计背景和处理资料图片、绘制图形、制作标题及立体文字等；利用 flash 完成基本动画设计与制作；利用绘声绘影（Ulead VideoStudio）完成视频及音频的剪辑、处理和生成；利用 Powerpoint、Authorware、课件大师等软件完成课件的集成与综合。选择以上工具的主要原因是考虑到老师们的基础比较薄弱，就选择他们比较容易接受、简单易学的信息处理工具。学习技术的这个过程我们没有采用传统的培训方式，而是基于教师在

---

① 防雨林：《基础教育信息化资源开发与应用的有效性研究》，《电化教育研究》2006 年第 9 期。
② 赵健、郭绍青：《信息化教学能力研究综述》，《现代远距离教育》2010 年第 4 期。

多媒体课件开发实践中遇到的具体问题进行解决，教授给老师解决这个问题的方法和技巧的同时，以此类推，教会老师解决同类问题的方法。通过实践验证，这种方法非常有效。因为：第一，问题解决了。老师燃眉之急的问题很快解决了，老师自然皆大欢喜；第二，技术提升了。老师不但解决了问题，最主要的是掌握了解决此类问题的方法，信息技术能力提升了，老师愿意聆听和学习，没有枯燥和负担，而是积极进取；第三，方法掌握了。老师掌握的方法在自己的课程实践中随时都要用到，适用性吸引老师更进一步探索新的技术技巧①；第四，兴趣激活了。教师往往对信息化教学热情十足，但是由于技术掌握有限，没有办法把自己内心的设计思路变成可视化的多媒体表达方式，久而久之，对信息技术的应用丧失信心。我们的方式是把老师自己正在上的课程进行了信息化设计与开发，老师很快会用在课堂来进行验证，效果立竿见影，教师原来沉寂的兴趣一下被激活了，对信息化教学开始刮目相看。简单 ppt 课件开发案例如表 4 - 17，由于该校老师对信息技术的掌握及课程资源开发条件有限，多媒体课件的开发先从最基本的做起。案例课程信息化开发如下：

表 4 - 17　　　　　　小学四年级课文《猫》的多媒体课件解析

设计的页面及说明			

导入页：把 flash 动画儿歌"猫咪别淘气"（2′5″）嵌入 ppt，音乐美妙，画面中的猫咪十分可爱，歌词表达了猫的可爱与淘气，与本书十分吻合。利用贴切的动画导入，激发学生学习兴趣，效果非常好（2—3 分钟导入正文）。	课文主标题显示页：彩色卡通背景上显示主标题《猫》的立体中文字，位置醒目，字体比较大，小文字显示作者及主讲教师，可爱卡通猫的图片是一张 gif 动画，并配有猫叫的声音。整体设计简单，大方，突出了主题。	学习要点列举页：列举出本书四个段落，学习重点和难点及引申意义的总结和升华。每一条有超级链接设置，鼠标移动在上面，鼠标指针就会变成手形，点击左键即可进入相应的内容页进行展示，再单击内容页可以返回。	第一自然段的内容页：提出学生学习要求，让学生通过齐声朗读后总结出本段写猫的什么性格，找出描写猫性格的关键句子和关键词。基于问题的朗读，提出了任务，学生读后思考和解决问题，可以进行必要的讨论和协作。

---

① 郑红磊：《课件开发与制作技术研究》，《山西电子技术》2010 年第 1 期。

续表

设计的页面及说明

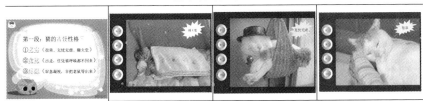

猫的古怪性格页：既老实又贪玩，工作起来还很尽职，实在有些古怪。	上面三张典型图片展示了文中猫的老实性格：很乖，无忧无虑，睡大觉。睡觉的表情，姿势，耳朵的样子，睡觉的位置都出神入化的表达出了猫的乖巧、可爱、无忧无虑的样子，选择的图片非常贴切文意。

右面三张图片表达了猫的贪玩的性格，趴在萝卜上，睡在毛线球上，跳上树桩嬉闹，都表达出了猫的贪玩的一面。	

右面三张图片是表达猫的勇敢，抓老鼠时尽职尽责，专注、矫健、敏捷，抓老鼠时的动作、表情、神态表现得淋漓尽致，符合文义。	

猫的温柔性格：猫的温柔"蹭"人，用视频展示猫蹭人的亲昵神态和动作，猫的脚印小梅花用图片展示。猫的叫声点击按钮会有配音。	 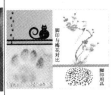

第四段关于小猫的可爱用视频"鞋子中的小猫"（1′21″）展示，小猫的淘气用图片展示，跟文中老舍先生的描述完全匹配，辅助效果显著。	 

续表

设计的页面及说明

右边几张页面是对本课学习重点的句子、词汇及连词的强调，用不同颜色进行标注和说明，起到强化作用，强化了学习重点。

总结与升华不仅表达作者爱猫之情，延伸到人类爱猫，学猫步（模特走猫步），爱护动物。快节奏 MTV 展示人们对猫的打扮穿着用心良苦。

（五）传授方法技巧：基于新课程理念的课程信息化教学

课程信息化设计得再好，开发得再好，如果不能用好，其结果可以说功亏一篑、前功尽弃，不能取得应有的效果。① 因为最后的效果还体现在教师的教学应用中，这就需要对信息化教学方法有所突破，而不能停留在用传统教学法来解决信息化教学的所有问题。基于此，我们融入了"娱教"理念，开始打造西门小学的"精教乐学"工程，细心琢磨教学中教师的教态、姿势、语调、语气、语词、道具及教学活动的设计，充分融入幽默元素和娱乐味道，使信息化课程的效果得到完美的展现。② 探索了若干娱教方法如课前放松法、课中幽默法、课后回味法、协作共学法、虚拟实践法、情景感染法等，特别重视学生的学习状态和学习反应，通过提问、互动、角色扮演、神态模拟、小组讨论、同桌对话等多种途径激发学生的学习兴趣，争取教师教得轻松，学生学得愉快。在信息化教学实践中，具体执行步骤如下，第一步：先教、后评；就是让老师按照自己原来的思路对自己设计的课程进行课堂教学，项目组专家及其他相同学科的课程教师听课后进行分析和评价，

① 王明建：《对媒体与信息化教学方法改革》，《辽宁公安司法管理干部学院学报》2011年第3期。

② 杨晓宏、李鸿科：《"娱教"视角内的信息化教学方法探究——基于"娱教"理念的信息化教学研究》，《现代远距离教育》2011年第5期。

对教师的课件设计、教学姿态、语言表述、动作示范、课堂互动等环节进行详细的点评，作为改进的依据。第二步：设计、开发；根据点评意见在项目组成员的协助下教师完成规范的信息化教案及课程多媒体课件，一定要把评议中提出的修改意见和完善策略融入其中。第三步：再教、再评；教师根据设计好的信息化教案及多媒体课件完成课堂教学，自己跟上一次的教学作比较和体验，进行总结，项目组也对这次授课进行更加严格细致的评议，提出修改意见和完善策略。第四步：修改、完善；根据上一步的意见对信息化教案、多媒体课件及教学策略进行精加工，完成最后的修改。第五步：凝聚亮点和特色。每个教师都有自己的教学风格，根据教师自身特点，融入"娱教"元素，采用"娱教"方法，使教师的教学特色和教学闪亮点发挥到最好。每一次的课堂教学及评课研讨我们都进行了录像，完后刻录成光盘发给老师使他们有自评及反思的过程。从教学的各个环节如备课、上课、作业、辅导、测试，我们都认真对待，严格按照课程信息化的预设标准进行，教师在前后的对比中感受到了进步和变化，项目进展越来越顺利，取得了预期的效果。

（六）转变评教态度：基于新课程理念的课程信息化评价

新课程改革进行了十多牛，新课程思想是先进的，形成了比较完善的新课程理论体系，可是没有相应配套的新课程评价机制及考核体系，基本还是用传统教学的评价方法来评价新课程的教学，导致新课程实施始终是个烫手的山芋。[①] 信息化教学也是如此，有着同样的背景，面临着同样的命运。人们对于信息化教学是认可的，也在努力的接受着，可是评价方法却是完全的传统课程评价机制及体系，导致信息化教学只注重形式变化，善于打造硬件环境，却不重视应用及效果，因为没有合适的评价方法相配套。基于此，我们跟学校领导经过多次沟通，最后确定的观点是不能完全抛弃传统的评价依据，但也绝不照搬传统的评价方法。于是，我们不是在筹划打造多么先进的机房，买多高档的计算机，而是在现有条件和环境下注重恰当的应用，把评价的焦点集中在应用成效的挖掘上。成绩评价不会放弃，但不作为唯一的评价方式，而是更注

①　钟慧：《浅谈新课标下的课堂教学评价》，《中学课程资源》2011 年第 10 期。

重学生的学习体验，更注重学生的学习感受，更注重学生的长远发展。① 主要通过观察、交流、提问、问卷调查、考评及对教学录像分析等途径，综合测定学习者的学习效果及学习体验。这种变化表面上看是评价方式的改变，其实更深层次的意义在于老师们的评价态度的改变。因为在周围整个大环境还处在成绩排名划等次的气候下要老师们突破这种包围，来一枝独秀，其难度可想而知，面临着多少压力和风险，好在有校领导的大力支持。教师的评价态度转变对整个教学的把握会有更重要的帮助，也正是有这样的转变才可以使他们放下包袱开动机器，抛弃传统观念的束缚，抛弃"分数命运"的束缚，积极参与开创和实践新的教学理念及新的信息化教学手段。

五　实践结论

通过课程的信息化实践使我们对中小学信息化教学的目的、范畴、作用、方法、评价等方面有了更深刻的理解。

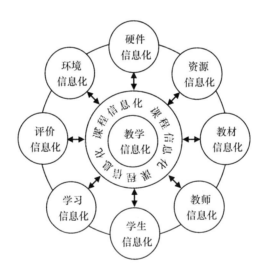

图 4 - 2　课程信息化对象简图

---

①　蔡海军：《新课程评价理念下科学学习评价的有效方法》，《湖南师范大学教育科学学报》2010 年第 5 期。

（一）中小学信息化教学要信息化什么（范畴）

课程信息化是个核心概念，也是个统摄性的概念，目的在于引导中小学信息化教学深入发展和科学发展。因为课程贯穿于教学活动的整个过程，所以要实现课程信息化，就会"连带"到学校环境的信息化、教材的信息化、教师的信息化、学生的信息化、学校硬件设施的信息化、学校资源的信息化、学习的信息化及评价的信息化等。只有相关要素的信息化程度匹配了，信息化教学才能有条件很好的实现。而信息化教学实践中，人们往往把信息化教学理解为简单的多媒体课件辅助教学。这种偏差性的理解导致信息化教学实践重心的偏移，把所有注意力都集中在课件上，以为好的课件就是教学的"救命稻草"。其实不然，教学中的各个元素的信息化及整体教学活动和教学过程的信息化设计都是至关重要的，而且每个环节都是紧密相连，只要一个环节出了问题，最终的效果都会打折扣。

（二）中小学信息化教学到底要做什么（本质）

信息化教学的**本质**目的。信息化教学从本质上来讲还是教学，和教育学所称的教学是同一回事，也是同一个概念。对这一本质目的的认识是信息化教学回归教育的认识，是技术与教育融合的认识，也是未来教育发展的统一模式。[①] 因为在信息化教学实践中，教育学和教育技术学专业是两个不同的专业，虽说有着千丝万缕的联系，但在实践中分离度远远大于联系度，这也是导致教育专业保守思想比较浓重，不敢大胆采用新技术、新媒体来创新教学，而教育技术专业忽视教育理论的渗透和融合，过分重视技术，甚至夸大技术的作用，导致了技术至上的误区。基于此，中小学信息化教学的本质是教学，信息技术是实现教学的手段、策略、方法。只有二者的渗透和融合才能实现更加有效的教学。

信息化教学的**近期**目标。就当前中国中小学信息化教学实际状况来看，主要任务在于两个方面：一是信息化资源建设；二是信息化教学应用。基于此，中小学信息化教学的近期目标在于探索有效的资源开发策略和信息化教学应用方法。中小学信息化教学推进的步伐相对于高校来说稍微缓慢一些，目前的资源建设仍然还是有很大的问题，特别是高水

[①]　张晓蕾：《教育信息化的重新定位》，《时代文学（下半月）》2010 年第 2 期。

平的资源建设对中小学来说还是有很大的难度。因为教师的信息技术能力相对来说还停留在文本和图片的收集与整理上，对于动画、视频、音效等素材处理技术掌握还仅仅是个了解而已，根本做不到应用上的游刃有余。而信息化教学应用相关研究比较少，到目前为止提出的方法策略大部分是传统教法的转嫁，没有创新和突破，这也是导致信息化教学耗费了大量的时间和精力，应用效果不佳的主要原因。因此，信息化教学方法的研究和创新也是近期目标的主攻方向。

信息化教学的**远期**目标。近期目标主要在于通过资源建设和信息化教学应用提高教学效果。但从长远目标来看这些还远远不够，长远目标的焦点应该集中在基于新课改的素质教育目标的实现上。这是信息化教学的高级阶段，也是信息化教学跟教育自然融为一体的过程。在这个过程中，信息化教学会逐步形成相对稳定和系统的理论体系，有科学的教学方法，有具体的操作方案，有合理的评价策略。

（三）中小学信息化教学到底能做什么（作用）

思想启迪——观念改变。信息化教学是随着媒体技术的发展，电子教学媒体在教学中的逐步应用而形成的。但是，信息化教学的诞生并不是偶然的，而是有着一定的科学依据。戴尔"经验之塔"理论中提出了学习认知的三个层次：塔的底层是做的经验、塔的中间层是观察的经验、塔的上层是抽象的经验。[①] 在传统教学里面，抽象的经验和做的经验这两个层次应该说已经发挥到淋漓尽致了，但在观察经验这个层次由于媒体技术所限，基本停留在挂图、标本、模型的基础上，而电子媒体的出现能够集文本、图形、图像、声音、动画、视频于一体，能够做到图文并茂、声像并举，是多感官的信息刺激过程，这种信息呈现方式更加有利于学生的感知和理解，是教学中前所未有的新变化。而且这个层次也正是信息技术在教育中存在的理由和发展的空间，因为传统教学中最主要的问题是信息呈现以抽象方式为主，学生难以感知和理解，做的经验和抽象经验之间跨度太大，缺少中间有效的过渡，因此学习变成了死背硬记，变成了机械灌输，变成了一板一眼的模式。电子媒体在观察

---

① 倪慧红、田良臣：《"经验之塔"对信息技术与英语课程整合的启示》，《教育探究》2010 年第 1 期。

的经验中发挥了重要作用，便于学习者把感知的知识向下转化为实践技能的经验，向上转化为理解和思考的经验。这种转变符合心理学研究的人类认知规律：人类的认知是由感性认识上升为理性认识；这种转变使得学生的学习不再是机械式的，而是理解和内化的过程；这种转变使得教学不再是灌输式的，而是引导学生理解。基于此，信息化教学作用不仅仅是电子教学媒体的引入，而是对整个教学有着重要的启发意义，使得学生的学习态度和教师的教学理念都发生了重要的变化，教学更加注重以生为本，更加尊重儿童的认知规律和学习特性，这也正是新课改所倡导的主要思想，所以信息化教学也是实现新课标的有效策略和重要途径。

技术应用——方法创新。随着技术的进步，新型教学媒体在信息化教学中的作用越来越显著，功能越来越强大，使用越来越方便。从传播学角度来看，技术的进步推动媒体的迅速发展，媒体的升级与改造彻底改变了教育传播的方式和效率。而这种改变进一步触动了教学方法和学习方法的改变。广播媒体可以扩大教师的声音使其能够面对更多受众同时授课，录音系统解决了口语授课语音瞬间即逝，也受距离限制的缺点；电视媒体把抽象文字内容可以转变为声画同步的"实物"展现出来，生动逼真的画面可以强调重点、难点，帮助教师克服教学中的抽象难题；多媒体能够集文本、图形、图像、声音、动画、视频于一体，以人机交互的方式把教师从人书的对视中解放出来，有了师生互动，有了角色扮演，有了小组探究，有了虚拟操作，有了情景感受，有了问题讨论，有了任务驱动等多种方式丰富教学过程[①]；网络能够提供多种互动平台及学习天地，不受地域、时间的限制而实现更广范围的资源提供和交流学习；电子白板集成了多媒体及粉笔黑板的作用，进一步把老师从粉笔黑板中解放出来，实现更加方便快捷的教学。新的媒体，新的技术更多带来信息化教学方式方法的改变，也是促进教学方法不断创新的过程。

综合改进——全面提升。信息化教学渗透于教学的各个元素及整个过程，推进教学的全面提升。基于网络的信息高速公路为跨校共享优质

---

① 饶妃娥：《凸显多媒体优势　再现课堂精彩》，《小学时代（教师）》2012 年第 2 期。

资源提供了便捷；基于计算机的电子备课给教师的思维创新和个性发挥提供了广阔的舞台；基于课件的多媒体给教学和学习过程带来了更多的生机和变化；基于数据库的电子管理平台给学校的管理工作带来前所未有的方便；基于电子文献的浏览阅读平台给科研工作带来快捷方便的共享；基于无线的移动学习为学生的自主学习提供了方便；基于手机的移动通信为教师、家长和学生的沟通和交流提供了方便；基于论坛的自由讨论为学生评教提供了方便；基于实时的聊天工具为师生的远距离交流和问答提供了方便。所有这些变化都是传统教学环境下所无法完成的，信息化的环境和技术为新时代的教学和学习提供了全方位的便捷途径和高效策略，能够全面综合提升教学。

（四）中小学信息化教学到底做了什么（成果）

中小学信息化教学建设主要表现在以下几个方面：基础设施建设（环境、平台、硬件）、资源建设（信息化课程、课程资源、多媒体课件等）、教师信息技术能力的提升、学生信息素养的提高等。通过调研，中小学信息化教学在"农远工程（2003—2007）"的推动下，硬件设施建设有了一定进步，但是相对来说，农村中小学信息化基础设施还是比较简陋，很难满足学校教学的需求。① 而城市中小学信息化基础设施建设比较好，大部分学校能够满足教学要求。资源建设方面在中央电教馆的管理和支持下使得现有资源实现了最大程度的共享，包括偏远地方的农村中小学也有教学光盘播放点，条件较好的学校还可以通过多媒体数据网共享多媒体资源。中小学教师经过多年的信息技术能力培训，教师信息技术能力的提升也是显而易见的，大部分教师能够熟练使用多媒体教学，但是设计和制作高水平的优质资源还是有些困难。在信息化的环境下学习，同时接受教师的信息化教学启发与熏陶，学生的信息化素养提高很大，能够很好地利用和借助信息化媒介学习，能够充分利用网络搜索自己需要的学习资源，能够实现简单的信息加工和处理。

（五）中小学信息化教学到底该怎么做（策略）

虽然说中国中小学信息化教学基础设施建设及资源建设有了一定

---

① 韩黛娜、许心：《陕西农村信息化基础设施建设现状与对策》，《西安财经学院学报》2008 年第 3 期。

的进展①，但是这些硬件和资源是否得到了充分的利用，在一定程度上可以说是否定的，就湖北省整体情况来看应用明显不足，没有科学的应用方法是当前信息化教学需要解决的燃眉之急。基于对中小学信息化教学的调研，中小学信息化教学的后续发展应该从以下几个方面来开展。

第一，硬件建设要量力而行。硬件是实现课程信息化的基本保障，但是由于各个学校经济环境和经济条件不一样，基础设施建设就要量力而行，不能一味地追求档次，而是要根据实际情况和实际需要来配置适当的设施。好多农村学校由于经济条件所限，计算机数量比较少，计算机配置也比较低，甚至有的学校还没有入网。所有这些困难都是直接影响课程信息化进程的不可抗拒的因素，但是基础设施的配置不是学校一下就能解决的问题，而是需要一定的过程和途径。这就需要在现实环境中考虑切合实际的设施配置，逐步完善和提高。

第二，资源建设要变换思路。信息化教学有十多年的经历，由当初的资源极缺到如今的资源丰富也是一个漫长的过程，在这个过程中资源开发技术有很大的提高，但是对资源建设的思路存在偏颇的理解。② **首先**，资源核心偏离。大部分资源建设是围绕课程周围更多倾向于扩充资源的设计与开发，丢失了核心的课程，没有紧紧围绕课程内容开发适合课程、紧贴课程、反映课程的资源；**其次**，资源标准偏离。目前的资源标准基本是技术标准，技术标准更多倾向于资源规范和统一形式，还没有对资源的教学价值和应用价值有比较科学的或者统一的评价标准，没有标准就无法衡量和判断资源的价值大小；**最后**，资源开发主体偏离。目前的资源开发要么是教师个人，要么是公司。前者虽然有利于教师教学个性和特色的发挥，但是绝大部分教师对课程分析深度绰绰有余，却对技术掌握明显不足，导致不一定能按自己预期的想法实现和展示。后者技术实力雄厚，但是对课程分析和把握不会有深度，更多倾向于经济利益的最大化

---

① 韩黛娜、许心：《陕西农村信息化基础设施建设现状与对策》，《西安财经学院学报》2008 年第 3 期。

② 高铁刚、朱建：《基础教育信息化教学资源供给模式研究》，《中国电化教育》2009 年第 4 期。

追求。① 基于此，课程资源开发主体应该是课程教师、技术教师和课程专家组成的团队，由他们作为主体来实现课程资源的开发，可以弥补教师个人及公司营利式开发的不足，实现二者的互补。所以，课程资源建设需要改变传统思路，开发重心要回归课程，开发主体要团队化，资源评价要内容化，这样才是未来课程信息化资源开发的思路，才能有效开发出优质资源。

第三，教学实践要学会应用。信息化资源设计得再好，不能恰当的应用，其作用就不能充分发挥出来。因此，教学实践中最重要的是信息化教学方法的掌握。信息化教学实践中，很多教师忽视了信息化教学方法，认为就像放电视一样，只要打开开关就可以了。这是一个非常大的误区，教学不是放电视，而是一个非常复杂的过程。目前的信息化教学方法是个空白区，没有相关研究，所以教师基本都是利用传统的教学方法来对付信息化教学，效果自然不会很好。虽然说教无定法，但笔者相信教学还是有法可循，有据可依。比如基于文本提示的问答互动法、基于图形展示的结构推理法、基于图像定格的故事想象法、基于视频播放的情境感受法、基于动画演示的过程展示法、基于专题网站的协作共学法、基于论坛主题的小组讨论法等。有效的方法可能会使你的工作事半功倍，可以有效提升教学效果。

第四，教学评价要摒弃杂念。信息化教学难以实施和推行的一个主要难题还在于当前的评价体系，特别是对于中小学来说分数决定升级的模式还是依旧，因此教师更多的精力和时间还是在想方设法应对考试，争取排名。② 这不是哪个教师个人的错误，而是整个教学评价环境你没法改变。但是信息化不应该成为强化传统教学僵化思维的"帮手"，而应该是基于新课程理念对新课程教学的推进和提升。所以，其评价应该摆脱传统教学评价态度及方法的桎梏，探寻基于新课程理念的新的评价方法和评价思想。

第五，教学发展要立足长远。信息化教学还处在探索阶段，取得了

① 杨欣、于勇：《中国教育信息资源建设现状及对策分析》，《软件导刊》2010 年第3 期。

② 李先：《新课程评价体系存在的问题与对策》，《科教文汇（上旬刊）》2009 年第7 期。

一定的效果，但还有很多地方需要逐步完善。① 所以，信息化教学实践无论是硬件建设还是资源开发，无论是教学实验还是效果评价都要把目光放在长远，以学生的远期发展和终身发展为战略目标，以激发学生的学习兴趣和学习潜力为基点，目的在于促进学生认识学习，理解学习的内涵和真谛，形成优良的学习习惯和提升自己的学习能力为主，使学生把未来的学习当作人生乐趣来探索和面对。

六　课程信息化实践研究注意事项

接受：是前提。中小学信息化教学虽然在全国范围内铺开，但是真正的信息化教学实践中，老师的抵触情绪还是比较浓。因为教师有很多思想包袱放不下，认为课程信息化会影响自己的发挥，会影响自己的教学进度，会影响学生的想象，会影响学生的成绩。教师的这些顾虑不是完全没有道理，也是有一定依据的。究其根源才发现这样的结果不是信息化教学本身惹的祸，而是在信息化教学实践中由于教师的技术达不到娴熟，对于信息化课程的设计也就只能是有想法，实现不了。② 或者是教师对信息化教学的作用理解不够准确，把信息化教学复杂化了，耗时间，耗精力，没有取得应有的效果。或者是学校信息化设施薄弱，教师没有条件来实现信息化教学。由此，老师对信息化教学慢慢失去了信心，甚至出现了抵触情绪。通过实践研究，我们的重要工作首先是让老师能够接受信息化教学，否则，没有他们的配合，信息化教学实践也只能是一场空。

理解：是关键。信息化教学没有非常准确具体的定义，而是一个比较模糊的概念，也是一个范畴很宽泛的概念。正因如此，中小学老师对信息化教学理解都是有很大偏差的，认为信息化教学理论听起来合情合理，操作起来空白无力，可操作性不强。也正是基于这样的现状，我们的项目把信息化教学的概念进行了简化，内涵进行了阐释，明确了课程信息化的环节，以便于教师更加容易理解信息化教学的精髓。理解了未

---

① 汪基德：《从教育信息化到信息化教育——学习〈国家中长期教育改革和发展规划纲要（2010—2020 年）〉之体会》，《电化教育研究》2011 年第 9 期。

② 刘飞：《浅谈信息技术培训中存在的问题及对策》，《科技信息》2010 年第 18 期。

必做得好，但是不理解的话根本不可能做好。

主动：见效果。课程信息化是一个实践项目，需要领导及课程教师很好的合作，教师的参与程度直接决定着实践的成败。[1] 课程信息化是一项复杂的工程，涉及课程内容的分析，课程的信息化设计，课程的信息化教学应用，课程的信息化教学评价等。对教师的教学创新能力、教学方法变通能力、信息技术掌握能力、新课程内涵的理解能力都有很高的要求，这使教师的工作量及工作难度都有所提高，需要教师的热情参与和积极努力。只有教师的积极参与、善于合作、勇于探索、主动提升，课程信息化才能取得理想的效果。

合作：破难题。课程信息化集结的是团队的智慧，不再是某个教师个人的力量，而是通过课程专家、课程教师、技术人员组成的团队来对课程进行系统的分析和开发，把课程中的知识点、重点、难点及教学方法和教学活动设计都进行了详细的规划，提供了适合的、贴切的优质资源，提供了基于"娱教"的教学方法。这个过程是经过论证和检验的，其效度和信度都有所提升，为这门课程的其他教师提供了有效的资源和方法指导，便于教师把握重点，解决难点。

团队：集力量。课程信息化之所以重视团队精神是因为教师个人仅仅凭借自己的力量进行信息化教学虽然有利于个性的发挥，但是必定个人的技术和能力还是极其有限，难以达到比较满意的信息化教学要求。基于此，通过团队合作，集结大家的智慧和力量，对课程设计与开发的质量有很大提高。

信心：可持续。课程信息化的效果不一定会立竿见影，可能需要一定时间的积累。因此，课程信息化需要有足够的信心来坚持把工作进行到底。因为信息化教学对学生的影响除了成绩之外还有学生学习体验、学习感受、身心变化等方面的影响可能是隐性的，但确实是存在的，而且对学生未来发展的影响是终身的。足够的信心是课程信息化工作持续化发展的必要前提，需要教师坚持不懈的努力和持之以恒的耐心。

发展：硬道理。课程信息化是基于课程的信息化教学实践，是对教

---

① 谢康：《课程信息化：面向信息化的教师专业发展新模式》，《中国远程教育》2005年第10期。

学的全面提升，是对新课程理念的践行，通过课程信息化一定要促进教学的发展和进步，只有这样，课程信息化的价值和意义才会显现，课程信息化才会有发展的空间和立足之地。要使课程信息化有所发展：第一，课程信息化必须落实到教育教学实践中，做到理论研究跟课程实践实验相结合；第二，课程信息化需要政策支持，需要领导支持，否则课程信息化实践就会流于形式或者难以落实；第三，课程信息化的创新和发展一定要和新课程改革的思路一致，要追求新课程目标的实现。

第三节　课程信息化现状研究与实践探究总结

通过对湖北省中小学课程信息化现状的分析及课程信息化实践探究中解决问题的思考，使我们深刻认识到，课程信息化需要系统化发展，长远化发展，持续化发展，就需要在课程信息化服务体系、课程信息化实施方案、课程信息化特色、课程信息化品位几个方面有创新体系的形成，有可行的课程信息化发展策略。

一　构建纵向一体化的课程信息化服务体系

课程信息化既是新课改的迫切需要，也是信息技术服务教育的有效措施。课程信息化不能仅靠学校或者教师个人的力量，它需要构建纵向一体化的课程信息化服务体系才能实现。

第一，政府支持（国家层面）。教育信息化初期，国家耗巨资打造了信息高速公路，配备了一定量的信息化教学设施，这些都是前期工作所必需的。[①] 但后期的信息化课程建设将更加重要。因为仅仅有了硬件设施，而没有很好的信息化课程作支撑，教育信息化的作用就很难得到发挥，就如同一台高配置的电脑，如果没有工具软件作支撑，裸机就是一堆电子垃圾，不能完成任何工作。考虑到课程信息化是一项宏大的系统工程，仅靠学校或者教师个人的力量很难完成，只有在国家层面，依靠政府在财力、物力和制度上的大力支持，通过立项建设、工程推动、公益帮助（企业参与捐助等）等多种形式，才能真正推动课程信息化

---

① 郑著：《农村基础教育信息化投资问题探析》，《河南科技学院学报》2010 年第 2 期。

建设。

第二，政策引导（学校层面）。仅仅靠资金并不能解决所有问题，还需要教育行政部门及学校制定必要的政策，通过政策来监督、指导和引导课程信息化建设。① 政策性文件可以指导学校课程信息化的实践工作，也可以督导课程信息化的实践过程。有政策依据和制度保障，是课程信息化落到实处的重要保障。

第三，专家指导（专业层面）。课程信息化不是简单的电子化，需要学科教师、专家及信息技术工作者给予一定的指导和帮助。否则，课程信息化就会盲目地走老路，仅仅停留在简单的多媒体课件制作或者课程资源开发上，既浪费人力、物力和财力，也很难实现预期的效果。

第四，团队协作（教师层面）。课程信息化不同于一般的课件制作，其复杂程度和难度远高于一般的课件制作，仅仅靠教师个人的能力很难完成。需要学科教师及信息技术专家组成协作团队，团队中，应有专门的课程研究者、有专门的技术攻克者、有专门的艺术渗透者、有专门的视频制作者、有专门的网络资源开发者，只有将上述人员组成一个团队，才能有计划、有步骤地实现课程信息化的长久和持续发展。

二　构建横向多元化的课程信息化实施方案

通过教育信息化的前期打造，信息化教学环境初步形成。目前的重点任务是信息化资源建设，信息化资源建设中首当其冲的应该是课程信息化。课程本身就是教学资源的核心和旗标，脱离课程本身而建设资源，意义不大。基于此，我们需要认真思考课程信息化实施的有效策略，构建横向多元的课程信息化实施方案。

第一，国家立项建设。课程信息化与一般的信息化资源建设有着很大的区别，课程信息化要求更高，有更加规范化、准确化和实用化的要求。因而，应高度重视，改变以往自由开发的状态，采用国家立项建设的策略。立项建设的优势在于有资金扶持，可以保证研究的有效开展；有申请立项的过程，对申请的学术团队有筛选和把关的过程，可以遴选

---

① 王曦、李媛：《对提高教育信息化投资效率的思考——基于米尔顿·弗里德曼"教育券"思想》，《现代教育技术》2009 年第 8 期。

出有实力的学术团队参与项目建设；有比较完善的监督机制，可以督促和推进项目建设的规范化，不会流于形式；有严格的项目结题验收要求，能保证研究成果的有效性和公开性。①

第二，企业广泛参与。中国巨大的教育规模决定了课程信息化的任务非常繁重，仅靠政府立项并不能完全解决问题，还需要企业的广泛参与。有实力、有爱心的企业可以捐资启动课程信息化工程，助推课程信息化的发展。② 课程信息化是推动中国教育信息化的新思路，希望能够得到社会各界的关注和支持。

第三，学校主动响应。课程是学校教学的核心资源，学校是课程信息化的主阵地。因此，作为学校，不能被动等待，而是要主动响应国家中长期教育改革和发展规划纲要中提出的教育信息化发展目标和要求，积极组织力量，形成开发团队，参与课程信息化项目及工程的建设，实现本校课程的信息化，开发出高质量、高标准的信息化课程，提升本校的信息化水平，为教育信息化作出应有的贡献。

三　借鉴"娱教"思维展现课程信息化特色

新课程突破了知识本位、学科本位的桎梏，提出了"关注每一个学生的发展"等新理念。众所周知，新课程更加重视学习过程，更加重视学生的学习体验，要让学生体验到学习的乐趣，让他们能在一定的问题情境中，通过自主探究，学会学习，学会创造，从而学会生存，学会发展。为了在课程信息化中更好地体现新课程理念，就不能简单地把文本课程转化为电子课程③，必须要融入新思想、新理念。新课程改革确定了知识与技能、过程与方法、情感态度和价值观三维目标。基于此目标，学生的学习不再是知识的记忆，不再是应试技能的掌握，不再是一考定终身。而是要非常重视学生对知识的内化和理解，非常重视学生对专业技能的掌握和活用，非常重视学生对学习过程的快乐体验，注重学生轻松愉快地学习。因此，课程信息化不能死板，更不能教条，而是

---

① 祝智庭：《基础教育信息化发展新模式》，《中国教育信息化》2011 年第 18 期。
② 杨志军：《云南省教育信息化发展设想》，《中国教育信息化》2010 年第 10 期。
③ 林万新：《河北省农村中小学教育信息发展状况的分析与思考》，《中国电化教育》2010 年第 3 期。

要以新课程理念为本，充分发挥信息技术的优势，融入"娱教"思维，渗透"娱教"方法，使课程信息化方法具有灵活性，使课程的使用过程具有娱乐性，使课程的学习体验具有享受性，使课程的设计与开发具有人本性，使课程的考核与测评具有综合性。

四 融入理念，提升课程信息化品位

人文主义课程论强调课程以需要为基石，从社会需求出发设置课程，以人的自我实现的人格理想为课程设计的核心。课程是有形的，是物化的学习内容，但是制定课程、教授课程、设计课程和学习课程的都是人，课程是联系教师和学生的中介和桥梁。课程信息化过程中自始至终都是人的思维与行动的参与过程，信息化的课程是人设计的，也是为人所用的。因此，课程信息化不能仅仅是技术的机械应用，也不能是模式的简单复制，更不能是开发程序式的模块照搬。[①] 而是要以人为本，针对不同的学习对象，分析其特点，结合其习惯，实施人文化的课程信息化设计理念，提升课程信息化的品位，避免落入以往资源开发中的俗套。[②]

总之，基于新课程理念的课程信息化是信息技术融入课程，挖掘和体现新课程本质的过程，也是教育技术与教育融合的过程。通过信息技术融入课程，提升课程的内驱力，体现新课程理念，重视学生的学习体验和综合发展，强调学生的参与过程和互动过程，实现探究学习和主动学习，关照个体差异，倡导快乐学习，关注寓教于乐，以学生为本，有效实现新课程目标，虽然这是一个比较复杂的过程，但却是未来教学发展的必然过程。

---

① 朱永海、王传旭：《教育信息化人文环境建设现状、问题与策略》，《中国电化教育》2010 年第 1 期。

② 查晶晶、王清：《中英特殊教育信息化人文关怀特色比较及启示》，《中小学电教》2010 年第 4 期。

第五章

基于新课程实施的课程信息化
应用模型构建

第一节　构建课程信息化模型的依据

构建课程信息化模型的目的是把复杂问题以简单的模块化形式再现，便于理解复杂问题的过程。构建课程信息化模型是对课程信息化过程的归纳和总结，包含了课程信息化的各个重要环节。但是，课程信息化模型不是随意构建的，而是需要有充分的依据来支撑。

一　课程的知识结构是构建课程信息化模型的内容依据

课程的知识体系不一样，知识结构也不一样，不同学科课程之间的知识结构差别是不言而喻的。以小学《语文》和《数学》为例进行课程知识结构的特点分析。

小学语文课程的知识结构具有以下特点：第一，小学语文强调学生语文素养的提高，要求学生在语文学习过程中要识字、写字，要积累古今中外的文化精华，发展思维和语言，语文素养对于一个人的生活、生存、发展是必需的，可以说它影响着人的生命质量。第二，小学语文强调民族情感的熏陶，要求学生在识字的过程中，充分体会中华民族灿烂的文化，从小培养学生中华民族情感。第三，小学语文课程强调学生的学习意识的培养，如《猴子捞月亮》的实践意识，《乌鸦和狐狸》的明辨意识，《三个小板凳》的自信意识，《两只小鸡》的自强意识，《小小的希望》中的环保意识，《书痴》中的学习意识等，培养学生的开放性思维。第四，小学语文学习是母语教育，母语的习得从出生开始，汉语言文字作为中华民族的母语文化，它具有整体性、灵活性、形象性、表意的丰富性及模糊性和音韵美等特征。基于以上的小学语文课程定位，知识结构中首先是基于语文工具的字、词、句、段落、篇章的基本功训练；其次是基于语文功能的语言能力、生活经验、思想感情等方面的积累与成熟，课文中所选篇章都是浓缩的精华，是语文思想美、艺术美、语言美的集中体现，需要不断地积累和提高；再次是基于语文内涵的母语灵性提升，要创造一切条件让学生的思维活跃起来。① 基于以上分析，对于语文课程信息化模式的构建重点在于重视趣味导入激发孩子学习兴趣，通过声画感知便于学生感知和理解，创设游戏教学情境引导学生参与互动，融入娱乐元素形成寓教于乐的氛围。②

　　数学是研究定量关系和空间形式的科学，数学与人类发展和社会进步息息相关，数学是人类文化的重要组成部分，数学是现代社会每一个公民应该具备的基本素养，数学在锻炼学生思维能力和创新能力方面有着不可替代的作用。③ 小学数学课程的知识结构也是有着自己的特点，《义务教育阶段国家数学课程标准》指出义务教育阶段的数学课程应突出体现基础性、普及性和发展性，使数学教育面向全体学生，实现人人学有价值的数学，人人都能获得必要的数学，不同的人在数学上得到不同的发展。数学能够帮助人们处理数据，进行计算、推理和证明，可以提供自然现象、社会系统的数学模型，它是人们生活、劳动和学习必不可少的工具；数学为其他科学提供了语言、思想和方法，是一切重大技术发展的基础；数学在提高人的推理能力、抽象能力、想象力和创造性等方面有着独特的作用；数学又是人类的一种文化，它的内容、思想、方法和语言已经成为现代文明的重要组成部分。学生的数学学习内容应当是现实的、有趣的、富有挑战性的，这些内容要有利于学生主动地从事观察、实验、猜测、验证、推理与交流等数学活动，内容的呈现应

---

① 潘春亚：《浅谈小学语文文本的激活》，《教育教学论坛》2012 年第 12 期。
② 颜华：《小学语文教学中的诗词教学策略》，《语文教学与研究》2012 年第 8 期。
③ 《义务教育数学课程标准 2011 版》，2011 年 12 月（http：//www. moe. gov. cn/publicfiles/business/htmlfiles/moe/s8001/201404/xxgk_ 167340. html）。

采用不同的表达方式,以满足多样化的学习需求。基于此,数学课程信息化模式构建重点在于通过数字游戏导入激发学生学习兴趣;通过数字推理引导学生掌握数学思维;通过数字模拟帮助学生在自主探索的过程中真正理解和掌握基本的数学知识与技能、数学思想和方法;通过数字事例帮助学生获得广泛的数学活动经验。[①]

同一学科课程的不同部分也存在着知识结构的差异。不同的学习阶段,学生认知能力不同,学习要求不同,对内容的设置也就不同,所以知识结构的差异也是自然的。比如语文课程中识字与写字、阅读、写作、口语交际、综合性学习几个部分的知识要求不同,以小学第二学段(3—4 年级)为例,识字与写字方面注重学生主动识字、认字兴趣的培养,要求认识常用汉字 2500 个左右,会写的 1600 个左右,会查字典认字,会用硬笔书写规范的正楷字,有正确的写字姿势;阅读方面注重学生用标准的普通话进行各种朗读,理解句意,领会文义,据文联想实际,表达自我意思,积累文学功底;写作方面注重学生表达与语言组织,训练学生观察现象、发现问题的能力,锻炼学生简单的习作能力;口语交际方面注重学生用普通话交流、倾听、提问、商讨,能够听懂大意,自行复述和表达,对于所见所闻能够以故事的形式讲述;综合学习方面注重学生发现生活中的问题,能够提出问题,通过查阅资料,协商与合作,能解决生活中的简单问题。不同的知识结构,决定着不同的信息化设计过程及开发策略。

二 信息化教学设计原理是构建课程信息化模型的策略依据

信息化教学设计遵循教学设计的一般原则和过程[②],需要进行学习需要分析、学习者分析、教学内容分析、学习目标的阐明、教学策略的制定、教学媒体的选择、教学效果的评价等。但是,作为信息化教学设计在新课程中的应用也有自己的个性、特色和重点。信息化教学设计的

---

① 张雪梅:《信息技术与小学数学课程整合初探》,《教育教学论坛》2012 年第 12 期。

② 周晓鸣:《中小学教师信息化教学设计能力培养研究》,《中国教育信息化》2011 年第 18 期。

需要突出几个要点：

第一，基于新课程三维目标（知识与技能、过程与方法、情感态度价值观）的教学分析。分析教学目标是确定学生学习的主题，根据基本概念、基本原理、基本方法或基本过程的有关知识内容，对教学活动展开后需要达到的目标作出一个整体描述，包括知识目标、能力目标、情感目标等。

第二，基于信息技术的学习问题设计与学习情景创设。学习问题（包括疑问、项目、分歧等），这是整个信息化教学设计的关键，学习者的目标是要阐明和解决问题（或是回答提问、完成项目、解决分歧），信息化学习就是要通过解决具体情景中的真实问题来达到学习的目标。

第三，基于信息环境的学习情境与学习资源的设计与开发。从设计的角度看，学习环境是学习资源和学习工具的组合。学习环境的设计主要表现为学习资源和学习工具的整合过程。在设计时也应考虑人机支持的实施方案，由于学习环境对学习活动是一种支撑作用，学习环境的设计必须在学习活动设计的基础上进行。不同的学习活动可能需要不同的学习资源和学习工具。

第四，基于"娱教"思维的教学活动/学习活动过程的设计。[1] 按照建构主义思想，学习者学习和发展的动力来源于学习者与环境的相互作用。学习者认知机能的发展、情感态度的变化都应归因于这种相互作用。因此，学习活动的设计必须作为教学设计的核心内容来看待。学习活动可以是个体的，也可以是群体协作的。学习活动的设计最终表现为学习任务的设计，通过规定学习者所要完成的任务目标、成果形式、活动内容、活动策略和方法来引发学习者内部的认知加工和思维，从而达到发展学习者心理机能的目的。

第五，基于多元智能的信息化教学设计成果评价。[2] 信息化教学设计的具体成果形式不仅仅是一篇传统意义上的教案，也不仅仅是一个多媒体课件，而是包括多项内容的教学设计单元包，主要由教学情景、问

---

① 杨晓宏、李鸿科：《对中国教育游戏研究现状的思考——基于"娱教"理念的信息化教学研究》，《中国电化教育》2010年第10期。

② 周荣林：《多元智能理论教学应用探究》，《中学政治教学参考》2011年第36期。

题定义、教学活动设计规划、教学课件以及可以链接与嵌入的多媒体网络资源组成。

信息技术是实现课程信息化的核心技术，也是课程信息化资源开发的重要保障。而课程信息化就是利用信息技术来实现课程的二次开发，发挥信息技术的教学优势，实现课程优化的过程。随着信息技术的不断发展，对教育教学及整个教学过程影响越来越大，在一定程度上已经成为教育教学中不可或缺的元素。首先，信息化教学思想为课程设计的创新提供思路，传统教学中纯粹的文本教学抽象度高，学生难以理解，教师只有灌输，学生只能死背硬记，而信息化教学思想重视课程内容的信息化展示，能够将传统的文本转化为图形、图像、声音、动画、视频等多媒体形式再现，图文并茂、声像并举，便于学生感知和理解[①]；其次，信息技术手段为信息化课程开发提供保障，信息化课程开发需要文本技术、图形图像处理技术、声音处理技术、动画制作技术、视频编辑技术等，这些技术为课程内容的信息化开发提供支撑，把传统的文本印刷课程转化成多媒体形式的电子课程、网络课程等形式，既可以适合课堂教学，对于自主学习和远程学习也提供了重要的帮助；再次，信息化环境为信息化课程的教学应用提供新的方式，信息化环境改变了传统教学的方式，改变了学生学习的方式，为信息化课程的灵活应用提供了基础，同一课程内容可以开发成不同形式的教材形式，适合不同年龄层次、不同职业类型、不同学习风格的学习者在不同场所、不同的时间进行学习；最后，信息化的评价统计为信息化资源的评判提供方便，信息化的手段不仅仅体现在课程资源开发上，数字化的信息处理系统与管理平台，使得课程资源的管理、检索、归类、评判等越来越科学，越来越方便，越来越快捷。总的来说，信息技术是课程信息化的主要手段和方法，为课程信息化的实现提供了各方面的支持，这对于我们构建课程信息化模式具有重要的指导作用，为课程信息化模式构建提供必要策略支撑和策略创新。

三　霍尔三维结构模型是构建课程信息化模型的结构依据

霍尔三维结构是美国系统工程专家霍尔（A. D. Hall）于 1969 年提

---

① 戴富禧、任俊达、李志平：《信息化教学设计在中国的发展简评》，《科技创新导报》2010年第 30 期。

出的一种系统工程方法论。它以时间维、逻辑维、知识维组成的立体空间结构来概括地表示出系统工程的各阶段、各步骤以及所涉及的知识范围（见图 5 - 1）。[①]

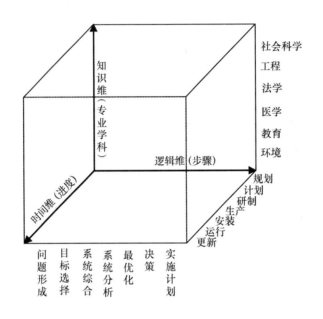

知识维（专业学科）

社会科学
工程
法学
医学
教育
环境

逻辑维（步骤）

规划
计划
研制
生产
安装
运行
更新

时间维（进度）

问题形成　目标选择　系统综合　系统分析　最优化　决策　实施计划

图 5 - 1　霍尔三维结构模型

（1）逻辑维（解决问题的逻辑过程）。运用系统工程方法解决某一大型工程项目时，一般可分为七个步骤：①明确问题。通过系统调查，尽量全面地搜集有关资料和数据，把问题讲清楚。②系统指标设计。选择具体的评价系统功能的指标，以利于衡量所供选择的系统方案。③系统方案综合。主要是按照问题的性质和总的功能要求，形成一组可供选择的系统方案，方案中要明确待选系统的结构和相应参数。④系统分析。分析系统方案的性能、特点、对预定任务能实现的程度以及在评价目标体系上的优劣次序。⑤系统选择。在一定的约束条件下，从各入选

方案中择出最佳方案。⑥决策。在分析、评价和优化的基础上做出裁决并选定行动方案。⑦实施计划。这是根据最后选定的方案，将系统付诸实施。以上七个步骤只是一个大致过程，其先后并无严格要求，而且往往可能要反复多次，才能得到满意的结果。

（2）时间维（工作进程）。对于一个具体的工作项目，从制定规划起一直到更新为止，全部过程可分为七个阶段：①规划阶段。调研、程序设计阶段，目的在于谋求活动的规划与战略。②拟订方案。提出具体的计划方案。③研制阶段。做出研制方案及生产计划。④生产阶段。生产出系统的零部件及整个系统，并提出安装计划。⑤安装阶段。将系统安装完毕，并完成系统的运行计划。⑥运行阶段。系统按照预期的用途开展服务。⑦更新阶段。为了提高系统功能，取消旧系统而代之以新系统，或改进原有系统，使之更加有效地工作。

（3）知识维（专业科学知识）。系统工程除了要求为完成上述各步骤、各阶段所需的某些共性知识外，还需要其他学科的知识和各种专业技术，霍尔把这些知识分为工程、医药、建筑、商业、法律、管理、社会科学和艺术等。各类系统工程，如军事系统工程、经济系统工程、信息系统工程等，都需要使用其他相应的专业基础知识。

第二节 课程信息化模型构建

一 课程信息化工作过程模型

课程信息化工作模型是依据课程信息化环节、信息化教学设计流程及霍尔三维结构模型的思想从宏观角度构建了课程信息化工作模型图（见图 5 - 2）。该模型中按照课程信息化进程（时间维度）、课程信息化支持（实现条件维度）及课程信息化事件（逻辑维度和知识维度）三个维度作为模式框架。课程信息化进程分解为课程信息化规划、课程信息化计划、课程信息化调研、课程信息化设计、课程信息化开发、课程信息化应用及课程信息化评价几个主要环节，是一个由先到后、逐步深入的工作过程，对工作环节划分比较清楚，便于工作进程的有效推进。课程信息化支持分解为基本环境支持、课程信息化

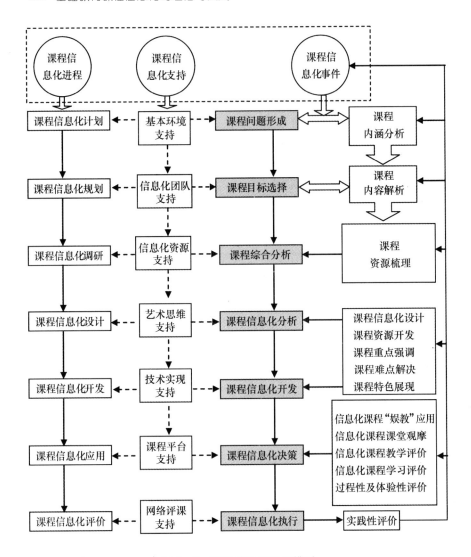

图 5 - 2　课程信息化工作模型

团队支持、课程信息化资源支持、课程信息化艺术思维支持、课程信
息化技术实现支持、课程信息化平台支持及课程信息化网络评课支
持，每个支持系统对应每一个进程阶段，相互配合。课程信息化事件
维度分解为课程内涵分析、课程内容解析、课程资源梳理、课程信息
化设计、课程资源开发、课程重点强调、课程难点解决、课程特色展

现、信息化课程"娱教"应用、信息化课程课堂观摩、信息化课程教学评价、信息化课程学习评价、过程性及体验性评价、实践性评价等，在这一个维度中将知识的对应逻辑关系联系在一起，形成一个综合维度。构建课程信息化工作模式的目的在于把课程信息化的整个过程、各个环节、具体进度、实现方式等通过简单的框图呈现出来，使得整个课程信息化的复杂系统能够更加清楚明了，便于掌握和理解，对于学习和推广都有重要意义。

　　需要说明的是，课程信息化工作模型是整个工作的基本模型，具有对课程信息化工作的一个宏观指导作用。在课程信息化实践中由于不同的学校，信息化环境和条件、教师信息化素养、学校信息化程度等都不相同，学校的课程信息化难度不同，学校的课程信息化重点也会有所差别，这就需要根据具体实际情况对课程信息化工作进行灵活的安排，遇到具体问题进行灵活的处理，一定要根据本校实际情况和长远发展目标，结合本校特色来综合考虑课程信息化实施过程，为本校信息化教学的深入发展及学校的有效发展起到实质性的推动作用，而不是一定要按照课程信息化工作模型中的每一个步骤来对号入座，机械照搬。

二　课程信息化实践模型

　　课程信息化模型是课程信息化理论的具体化，是信息化课程教学实践的概括化形式，具有简洁性和可操作性，因此设计科学合理的课程信息化模型对于学校、教师和课程信息化工作人员来说是必要的，能够起到很好的指导课程信息化实践的作用。综合考虑课程信息化过程四个环节（课程内容分析、课程资源设计、课程"娱教"应用、课程的体验性评价）及课程信息化进程、课程信息化技术支持、课程信息化主要事件几方面，构建了如图 5 - 3 所示的课程信息化过程模型图。

　　基于课程实施的课程信息化模型是对整个课程信息化执行过程的一个概括，主要是从宏观角度考虑，对课程信息化具体操作环节、执行方案、工作进度及工作内容进行总结归纳出的系统模式。对于指导中小学老师进行课程信息化实践活动有一定的帮助意义，模型中整个工作阶段分明（课程内容分析、课程信息化设计、课程的"娱教"应用、课程的体验性评价），工作内容清晰，可作为课程信息化的实践与实施指导。

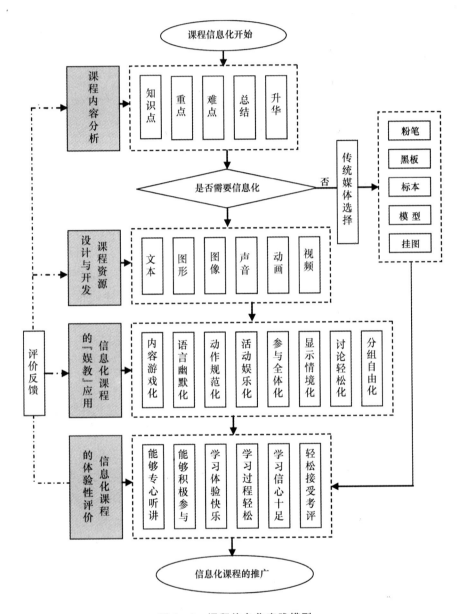

图 5 - 3　课程信息化实践模型

第三节　课程信息化实践模型解析

一　基于新课程的课程内容分析

课程内容分析的主要工作：第一，分析课程内容的知识点。抓住课程内容的知识点是课程内容分析的首要工作，对应的知识点所属的知识类型，阐述清楚该知识点的学习目标，分析该知识点的表达形式（文本、图形、图像、声音、动画、视频、课件、资料等），表达该知识点所选用的媒体及选择这种媒体的依据，媒体所用时间及具体的使用方法。如表5-1中小学四年级课文《猫》的知识点表达了猫的性格有古怪的一面（老实、出走、尽职），也有温柔的一面（蹭腿、抓痒、脚印花、念经等），还具有双重的性格（胆小时藏起来，勇敢时跟蛇斗），而每一种性格描述里面都用关键词来标注出其性格特征。为了让学生理解猫的性格特征，可以展示恰当的图片让学生在感知图中猫的神态的同时，领会文中猫的性格，理解文中作者的用词之妙。第二，分析课程内容的重点。比如语文课程中的重点字、词、句等是要求学生必须掌握的，也是对学生学习效果重点考察的知识点所在。比如下面描写猫捉老鼠时**"屏息凝视"**这个重点词汇及重点句子**"任凭……也……；非……不可……；无论……也……"**，还有重点连词用法**"说它老实吧……可是……"，"说它贪玩吧……可是……"**等。第三，分析课程内容中的难点。课程中的难点是需要重点攻克的部分，这就需要在内容分析环节能够有主有次，把握准难点部分，针对具体问题，采取具体的措施，有效解决难点问题。如表5-1中的让学生学会用重点词汇造句，这对大部分四年级学生来说是有点难度的问题。第四，分析课程内容的拓展、延伸，或者升华所在。比如语文课程中，如果就文读文，就文讲文，就事论事，不敢挖掘文意的内涵，对课程的理解就不够深入，不够全面，没有升华意义的理解。如表5-1的课文中，教师只顾给学生讲述作者是怎样的喜欢猫、爱猫，始终不敢超出课文本意分析人类应该如何对待动物，人类如何爱护动物及跟动物和谐相处等，只能是就文论文的感觉，全部都是在巩固知识点，完全为了应付考试，那就没有起到文意的升华作用。而人类不但爱猫，而且还向猫学习（模特走猫步），同时猫也是人类的好朋友，为人类服务（抓老鼠）等这些隐含意义的学习也是必不可少的。

表 5 - 1 　　　　　　　　　　　　　　课程内容分析

知识点	分析过程	
第一段：猫的性格**古怪** ①**老实**：很乖，无忧无虑，睡大觉； ②**出走**：任凭谁的呼唤，都不回来； ③**尽职**：非把老鼠等出来。	知识类型	①事实 ②概念 ③问题解决
	学习目标	①识记 ②理解 ③分析
	目标描述	①**识记**主要关键词 ②**理解**关键词的意思 ③**分析**作者如何表达了猫的**古怪**性格
	表达形式	每一个特点用 3 张猫的对应图片展示
	所用媒体	幻灯片演示
	媒体作用	提供感性认识，使学生更容易理解关键词，知道猫的古怪
	所用时间	展示图片 2 分钟
	使用方法	一边展示一边提问，引导学生自己看图说话
第二段：猫的性格**温柔** ①**蹭腿**：用身子蹭你的腿； ②**抓痒**：让你给它抓痒； ③**印花**：在稿纸上踩几朵小梅花； ④ **叫唤**：丰富多腔地叫唤； ⑤**念经**：咕噜咕噜； ⑥**无声**：不高兴。	知识类型	①事实 ②概念 ③技能 ④问题解决
	学习目标	①识记 ②理解 ③分析
	目标描述	①**识记**主要关键词 ②**理解**关键词的意思 ③**分析**作者如何表达猫的**温柔**性格
	表达形式	**蹭腿**：视频播放（1 分钟左右） **印花**：用图片展示 **叫唤**：播放猫的叫声
	所用媒体	幻灯片演示
	媒体作用	通过图像及视频帮助学生感知和理解
	使用时间	展示图片 2 分钟，视频播放 1 分钟
	使用方法	一边展示一边提问，引导学生自己看图说话
第三段：猫的性格**双重性** ①**胆小**：藏起来。 ②**勇敢**：与蛇斗。	知识类型	①事实 ②概念
	学习目标	①识记 ②理解 ③分析
	目标描述	①**识记**主要关键词 ②**理解**关键词的意思 ③**分析**作者如何表达猫的胆小与**勇敢**性格
	表达形式	**胆小**：静态图片（10 秒） **勇敢**：猫与蛇斗的图片（10 秒）
	所用媒体	幻灯片演示
	媒体作用	通过图像帮助学生感知和理解关键词及猫的性格
	使用时间	展示图片 20 秒
	使用方法	一边展示一边提问，引导学生自己看图说话

续表

知识点	分析过程	
第四段：**淘气**的小猫 ①**耍**：没完没了； ②**跌**：越跌越勇； ③**撞**：疼了也不哭； ④**辟**：新的游戏场； ⑤**折**：枝折花落。	知识类型	①事实 ②概念
	学习目标	①识记 ②理解 ③分析
	目标描述	①**识记**主要关键词 ②**理解**关键词的意思 ③**分析**作者如何表达小猫的可爱与淘气性格
	表达形式	**小猫可爱**：视频（1分钟） **小猫折枝**：静态图片图像（10秒）
	所用媒体	幻灯片演示
	媒体作用	通过图像及视频帮助学生感知和理解小猫的性格
	使用时间	展示图片20秒，视频播放1分钟
	使用方法	一边展示一边提问，引导学生自己看图说话
教学重点分析	①重点词汇：**屏息凝视** ②重点句子：**任凭……也**……；**非……不可**……；**无论……也**…… ③连词用法：说它老实吧……**可是**……；说它贪玩吧……**可是**……	
教学难点解决	用重点句子造句，引导学生说出正确的句子	
总结与升华	①文章如何表达猫的古怪性格（**巩固重点词**） ②文章表达了作者对猫的特别喜爱之情（作者**爱猫**） ③引导学生对猫的同情与呵护（**猫是人类的朋友**） ④人类向猫学习（**走猫步**） ⑤点明人与动物的关系（**爱护小动物**）	

二　基于课程内容的课程资源设计与开发

基于数字技术的课程资源设计与开发是在课程内容分析的基础上完成的，通过课程内容分析，明确了知识点，然后根据信息化教学设计的原则，判断该知识点是否需要信息化方式表达，如果需要，需要什么样的资源，开发出相应的资源，提出资源所依托的媒体及媒体应用的方式。比如小学四年级语文课程《猫》这篇文章中关于猫的性格有"很乖"、"睡大觉"、"无忧无虑"，我们选用了3张图片分别是猫猫捂着嘴巴睡在竹篮里（表情特别萌），盖着毯子安然的睡觉（睡大觉），猫戴着帽子睡在吊篮里（无忧无虑）。这3张图片与文意非常吻合，把猫的可爱，温柔，很乖，睡大觉的性格展现得淋漓尽致，非常贴切。表达文中猫的可爱"蹭"人，我们选用了一段猫蹭人的视频，把猫的姿态、表情、动作，主人对猫亲密的称呼"招财"及隐含的心态（猫跟主人的亲昵）都表达得非常贴切。文中表达猫的淘气我们选用了3张图片，分别是猫趴在萝卜上、猫趴在毛线团上、猫在树桩上嬉闹，准确地表达了猫的淘气兼可爱。

　　基于以上的案例分析并结合巴班斯基的教学最优化理论，要达到教学最优化的目的，就必须分析学生状况和教学任务，明确教学内容，选择教学方法、方式等。① 而课程信息化的目的也在于对课程的优化，这个优化过程就要综合考虑跟课程相关联的各个要素，提出可行的信息化策略。所以，学科课程信息化内容分析中，第一，要分析课程内涵，分析课程特点及特色，通过课程信息化要把课程本质的东西更好地展现出来，否则脱离课程本质的信息化是没有意义的；第二，要分析课程知识结构，课程信息化的进度及逻辑关系要符合课程知识的递进关系，不能违背课程知识的内在逻辑关系；第三，课程信息化内容分析中要有具体的工作方式和实现策略，不同学科信息化中所采用的工作方式和实现策略重点是不一样的，主要解决的问题也是不相同的，这也正是学科课程信息化的特色所在；第四，课程信息化内容分析中融入学生主动参与、探究发现、交流合作的学习过程，融入教师幽默教学、娱乐教学、轻松互动的过程；第五，学科课程信息化要重视学生的全面进步和发展，关注教学效益，重视娱乐教学法，重视有效策略，为有效课堂和有效教学提供必要的支撑和保障。基于以上思考，我们针对小学四年级语文课程内容分析如表 5-2 所示。

表 5-2　　　　　　　　　小学语文课程信息化内容分析

课程知识	内容分析	信息化设计	信息化开发及活动安排	教学应用	综合评价
识字与写字	喜欢认字	看图识字	图文展示生字，字物对照，激发认字兴趣	教师领读学生跟读	准确读出
	熟练写字	动画写字	flash 动画展示写字笔顺便于学生模仿	标准示范辅导帮助	熟练写出
	能够查字	视频演示语音解说	制作查字专题片，利用视频进行语音讲解查字方法	讲解演示个别辅导	顺利查出
	有效记字	形象思维联想记忆字形归类	动画情境展示生字与实物，字编儿歌学唱	引导联想学生表达	高效记住
	学会用字	字说图画	作业练习实物填字	问答互动	灵活用字

───────────

① 毛亮清：《巴班斯基最优化教学理论和英语教学》，《教学与管理》2008 年第 6 期。

课程知识	内容分析	信息化设计	信息化开发及活动安排	教学应用	综合评价
阅读	会读课文	学会齐读 敢于自读 能够默读 感情朗读	多媒体画面配标准普通话感情朗读课文范例，便于学生模仿和体会作者感情	教师听读 辅助纠错	声音洪亮 吐字准确 语速恰当 语气适当
	解释词语	典故回忆 故事串联 形象说明	搜集网络典故及相关故事，编辑成多媒体资源，注明词语准确解释	教师辅助解释，学生尝试解读	理解准确程度
	分析句意	标注式理解关键词与整体句子的意思	多媒体展示句子，利用颜色、字体、大小、动画等强调，标注句子结构等，便于学生准确理解句意	教师解读句意，适当的提问与互动，学生聆听与思考，积极参与问答	学生对句意理解的准确程度
	划分段落	结构图式划分文章段落层次	多媒体以结构图的形式展示段落层次关系	教师解释划分的理由，学生思考积极回答	学生对段落层次划分依据的掌握，学会方法
	体会文意	要点列举，理解文章寓意	多媒体展示文意要点	教师引导 学生总结	学生表意的准确度和完善度
	复述情节	还原故事情节	图片情景引起联想	学生复述文章大意，教师补充	复述的完整性
	引发想象	联想生活实际，启发总结	案例资料展示，激发学生大胆想象	教师启发 学生表达	想象的依据及想象的创新性
写作（写话、习作）	书面表达	公示习作典范	将写作优秀的文章共享于班级群或教室公告栏，起到示范意义	教师分析点评，学生进一步完善	榜样的意义
	观察写作	观察情景，掌握细节，学会观察事物	利用图片、文字或者视频展示事物或情境	引导学生观察、记录和写作，学生完成作文	观察的仔细程度，发现问题的能力
	体验写作	在参与活动的过程中感受生活，有感而发，提炼生活趣事及意义	参与实践活动设计，确定生活主题，或者视频显示学生生活情景，提供参考资源	引导学生总结和归纳，学生参与后写出作文	参与活动的表现，归纳总结的深刻性
	想象写作	设计主题引发想象	网络公告展示主题材料及写作要求	教师引导提示，学生细读材料，想象，归纳写作	想象的创新性是否新颖，想象的依据是否充分

课程知识	内容分析	信息化设计	信息化开发及活动安排	教学应用	综合评价
	文件写作	例文引导学生写作规范	展示例文及规范要点，可以用不同字体或者颜色强调例文中的要点	引导提示学生掌握写作规范要点，学生写作提交	格式是否正确规范，表达是否准确简洁
	缩写练习	通过材料归纳练习总结能力	展示需要缩写的材料及缩写要求	教师引导学生提炼核心观点，组织句子写作	归纳是否简练，观点提炼是否准确
	修改练习	通过互相修改锻炼学生修改文章的能力	组织学生同桌作文互换，或者跟其他学生作文对调，进行修改批阅，提出建议	教师提出基本要求，学生按要求进行修改	修改的准确度，建议的价值性
口语交际	说清我意	通过自己说锻炼语言表达能力	学生自主选择主题，阐述事件大意	教师听后简评	表述准确性，用词的恰当性，语言组织严密性
	听懂他意	通过认真听他人表述，脑海中归纳组织大意	要求部分学生做主题发言，其他学生听后总结大意	学生总结他人发言，教师听后简评	总结的准确性和完整性，是否抓住要义
	互助对话	通过主题对话锻炼双方的语言表达与组织能力	通过媒体呈现文本主题或者利用视频展示一定情景突出某一主题	学生就主题对话，发表看法，教师听后简评	对话是否围绕主题核心，对话是否流畅，对主题分析是否有深度
	讲述见闻	通过讲述自己喜闻乐见的事锻炼	学生自主选择题目，必要时辅助一定的图片讲述自己的见闻	学生可以讲给同学，也可以在论坛发帖讲述	条理是否清楚，表情变化，语气变化
	讨论问题	通过问题讨论锻炼学生语言及思想的表达能力	展示讨论主题，提供必要材料	学生就既定主题进行小组讨论，发表观点，教师听后简评	讨论的深度、精度、结论的准确度
	公开发言	通过演讲训练学生发言表达能力	展示发言主题及发言要求，比如时间长短等	学生在台前激情演讲，教师做评委打分	表情是否大方，动作是否得体，语言是否精练

续表

课程知识	内容分析	信息化设计	信息化开发及活动安排	教学应用	综合评价
综合性学习	字词句段文一体化	宏观品味美文，锻炼学生文学鉴赏能力	展示精选的优秀美文	学生整体感知，仔细品读字、词、句的特点和意义	字、词、句分析的准确性，对整体文章风格的把握程度
	听说读写一体化	通过听说读写全面锻炼学生语文素养	展示精选童话、寓言、故事、诗歌、小说等	学生细读、细听，模仿写作，琢磨写作精髓，锻炼写作技能	学生作品的构思，用词，传意是否准确完整，是否有创新
	分析问题	设置问题锻炼学生分析问题的能力	网络、论坛或者QQ群中共享问题，学生在线进行归因分析	学生提交分析结论，教师点评	理性看问题的深度和全面度
	关注新闻	通过自己关注的新闻交流沟通，展示自我兴趣	每个学生说出自己所了解的最新新闻事件	学生自主交流，教师观察点评	关注学生阐述新闻的准确性及完整性
	明辨是非	设置争议问题：如培优、奥数培训、周末补习、考试作弊等	视频故事展示问题及背景，正反评论各有其说，学生看后发表自己观点	教师播放视频的同时进行简单解说，学生了解问题后发表观点	学生对自己观点的论证理由是否充分有据
	自主学习	选读内容扩展内容课外读物	列举自主学习内容及自主学习材料，开发网络自主学习资源	教师提出自主学习要求，学生完成学习活动	在线测试总结提交
	组织活动	文艺汇演、主题班会、策划文学专刊、报栏、野外实践、旅游参观等活动	网络资源展示类似的他人活动，供学生借鉴参考。明确活动目标、活动计划、提出活动要求，提供活动必要条件	教师间接引导，学生自主活动	活动总结：学生参与活动的热情如何，学生参与活动的目的是否达到，活动组织是否有序

数学课程跟语文课程有很大的区别，数学课程是层层递进，逻辑关系非常严密，有些内容适合文字符号表达，比如公式之类的。[①] 同时，数学课程信息化很多内容是实物或者事实、原理、过程的展示，无论是动

———————

① 张丹：《"整体把握小学数学课程"核心要素及其关系研究》，《数学教育学报》2010年第4期。

画制作还是视频教学，都有更加严格的标准和要求。① 对小学数学课程从整体角度进行宏观思考，构建了数学课程信息化分析表（见表5－3）

表5－3　　　　　　　　　小学数学课程信息化内容分析

课程知识	内容分析		信息化设计	信息化开发及活动安排	娱教应用	综合评价
数与代数	（1—3年级）	数的认识	图文展示式认数，实物对比（小孩比较喜欢水果）	利用图片展示水果及对应数字（0—9及数字组合），进行图文对照认识数字	演示图片，引导学生读准数字序号，比较数字大小，会写数字符号，理解整数、小数和分数	对数字认识的准确性
		数的运算	动画辅助式理解数的运算	通过flash动画演示图形中对象的加减过程，推演乘除过程	教师播放动画的同时引导学生看图回答，强化四则运算法则及括号的意义	运算的准确性及运算的速度
		常见的量	图文对比式理解常量	图文展示钱币及对应币值符号；图文展示时钟及对应时间标注；图文展示日历及对应年月日的标注；图文展示重量及重量单位的标注	教师演示多媒体图像并进行解释，提问，学生看图回答	学生对币值大小及符号、时间、重量等表示方法理解准确程度
		探索规律	视频情景式感知变化	利用视频播放四季变化	教师引导学生总结四季特点及变化规律，引申到数的大小、年月日的变化、年龄变化等规律	学生对变化规律的把握及推演
	（4—6年级）	数的认识	多媒体展示概念及特征	演示十进制数的单位，认识大数的读法，用数字描述自己如身高等，认识倍数、公倍数、公因数、自然数、整数、奇数、偶数、质数、合数、小数、分数、正数、负数及其简单运算	教师通过多媒体演示进行解释相关概念，学生思考理解，举一反三强化自己的认识	对相关概念理解的准确性，是否会灵活运用和计算
		数的运算	多媒体展示乘法除法及四则混合运算法则	课件展示四则混合运算、小数、分数及加减乘除运算法则，呈现公式的同时动画演示运算过程，调用计算器演示	教师播放多媒体课件的同时引导学生理解乘除法及四则混合运算、小数、分数的运算过程	运算规则的掌握，运算方法的运用，运算的速度与准确度
		等式与方程	演示式解释	利用多媒体展示等式的表示方法，等式的意义，方程的含义及简单解法	教师演示的同时进行解释，学生思考和理解	学生对等式及方程理解的准确性

① 朱晓静：《小学数学课程资源的开发与利用》，《小学时代（教育研究）》2012年第2期。

续表

课程知识	内容分析	信息化设计	信息化开发及活动安排	娱教应用	综合评价
图形与几何	正反比例	故事式引导	动画:劳动与报酬解说正比关系,犯罪与惩罚解说反比关系	播放动画的同时提问,帮助学生理解正比与反比的关系	学生对正比与反比关系的把握
	探索规律	实例推演	视频解说:同一年级不同班级的编号,楼层房门编号,街道编号,身份证编号规律	教师播放视频辅助解说,学生思考理解跟生活相关的数学数字规律	学生综合理解的准确性
	图形认识 (1—3年级)	实物式观察识图	利用篮球、圆环、相框、三角尺、罐装饮料盒子等演示	教师展示实物,引导学生总结其形状及特点,理解规则图形及不规则图形	对球形、圆形、方形、三角形、梯形等形状的认识
	测量	动手测量周长,计算面积,结合动画演示理解	虚拟动画演示实物测量与计算方法后,指定桌面、书本、门框、黑板等实物,要求学生测量并按公式进行计算	教师引导学生进行实践测量,观察并指导学生进行正确的公式计算	测量方法是否正确,测量数据是否准确,计算过程是否正确
	图形运动	视频,动画演示观图看变化	视频或动画演示幼儿园的旋转马、运动员、自行车、汽车等运动状态,学生观看位移变化	教师演示并解说,引导学生观察并回答	对位移变化的判断,对轴对称的理解程度
	图形位置 (4—6年级)	多媒体辅助演示	利用多媒体展示指定物体,用箭头标注前后左右上下等位置,标注方向东南西北	教师演示多媒体辅助解说,必要时进行提问,学生回答	学生对方向和位置概念理解的准确性
	图形认识	实例引申	图片展示课桌,红线标注线条、角度形状,引出线、角、形状的概念类型及三角形、四边形、多边形的概念与类型等	教师演示图片也可实物辅助说明,学生积极思考和认识线、角和形状的概念及特点	学生对线、角、三角形、多边形的概念及特点理解的准确性
	测量	通过实践操作总结知识点,理解知识要点	提供量角器、三角尺等工具,给定卡片或者指定书本等让学生进行时间测量和记录,理解立体图形及体积的算法	教师观察和辅导,学生自主按要求进行测量并记录测量数据	测量方法的正确性,测量数据的准确性
	图形运动	观察与实践操作相结合	图片展示车轮的运动,提供小卡片让学生自主观察运动变化	学生观察车轮运动,总结运动要素及特点,亲手移动物体体验运动变化	学生对运动概念及要素把握的准确性
	图形位置	实例分析图形位置变化及路线的标注	多媒体展示地图比例换算,电子地图定位	学生通过地图理解位置变化,通过电子地图标注自己家与学校的路线,教师辅助解决问题,进行观察点评	学生利用电子地图对家校位置及路线标注的准确性

续表

课程知识		内容分析	信息化设计	信息化开发及活动安排	娱教应用	综合评价
统计与概率	（1—3年级）	事物分类	多媒体展示不同类型事物	多媒体展示零一二三四五六七八九数字，展示苹果、梨子、香蕉、西瓜一类，展示自行车、汽车、火车、飞机一类。以上东西混合展示	教师引导学生从多媒体所展示的事物中进行归类，并给予提示，学生主动进行分类	分类的准确性，分类的依据阐述是否充分
		简单调查	任务驱动	制定一个小小调查任务，调查爸爸妈妈作息时间，进行简单数据记录	教师布置任务，学生自主完成提交给老师点评	学生完成任务的情况，收集数据的精细与准确度
		数据分析	提供资源引导自主学习	展示网络资源最近一个礼拜天气预报参数值	教师引导学生分析一个礼拜天气参数值，总结这个礼拜天气状况	是否充分利用了所提供的数据，分析的准确度
	（4—6年级）	简单数据统计过程	实践练习	多媒体展示简单调查要求，多媒体展示一份有关统计的新闻报纸内容	学生尝试设计调查项目，进行调查分析。根据报纸提供数据，转化直观的饼图、柱状图等	学生对数据统计方法及直观图转化的掌握程度
		随机现象发生的可能性	操作验证	多媒体展示投掷硬币落在桌面上的正面的操作方法	学生同桌互助进行投掷测量50次，统计正面朝上和正面朝下的概率统计数	对随机可能性的理解程度
综合与实践	（1—3年级）	生活数学	视频专题：生活与数学	制作小小电视专题片让学生了解人类生活与数学的关系	教师播放时辅助必要解说，学生听完后发言，老师点评	学生对数字意义的理解程度
		经验数学	实例分析	学生桌子的高度，椅子的角度，承重的负荷，教师的高度，窗户的大小，黑板的长短	教师点出实例，引导学生分析其跟数字有关的地方，学生积极思考	综合分析能力及分析的准确度
		技巧数学	奇妙数字列举	2011年11月2日（20111102趣味对称）	学生收集生活中奇妙数字，跟同学进行分享和交流，教师观察点评	收集奇妙数字的趣味性
	（4—6年级）	数学实践解决问题制订方案应用反思	视频自主学习	视频展示木工师傅制作书架的过程，对于方法、尺寸的演示要清楚。学生利用尺子、剪刀、小刀、胶带等工具，对硬纸板进行加工和制作，做成相同样式缩小比例的纸板书架	学生自主制作，提交作品，注重制作方法及精致和准确。教师对学生提交的作品进行点评和分析，有问题的地方要分析原因并进行校正处理	通过作品判断学生对数字精确运用的过程，对数学思维的总结

三　基于"娱教"思维的信息化课程教学应用

(一)"娱教"思维阐释

"娱"在古汉语词典中的意思是：①使人快乐；②快乐有趣的活动。①"教"就是把知识和技能传递给别人。"娱教"是教育信息化环境下的一个新词，汉语词典中找不到。但是对于其意义的理解不能是"娱"和"教"的简单相加。而是教师教得轻松，学生学得快乐，使整个教学活动对于教师和学生来说都是一件使人快乐的事。因此，"娱教"的基本内涵就是在现代教育思想和理论的指导下，充分挖掘教育的娱乐属性，最大限度尊重学习者的生命特征、认知规律和学习体验，实现轻松愉快的教和学，达到寓教于乐的效果。②信息化课程的教学应用也是在现代教育思想和理论的指导下，利用信息技术完成教学设计，创设教学情境，把抽象的教学内容转化为直观、形象、生动的符号形式，便于学习者理解和学习。从概念可以看出，"娱教"和信息化课程的教学应用有着内在的一致性：指导思想都是现代教育思想和理论；目的都是提高教学和学习效果；对象都是学生。因此，二者在本质上是一致的，在方法上是互补的，在过程上是交融的，在媒体上是共用的。"娱教"是信息化课程教学应用的内涵和精髓，信息化课程的教学应用是实现"娱教"的有效方法和手段，二者的完美结合就是实现信息技术与教育有效整合的过程。

"娱教"概念的提出，从教育学的角度考虑，"娱教"符合当前"以学生为主体"的教育理念，使教学变得更加尊重学生的个性发展，更加适合学生的个性发展；从教育技术学的角度考虑，"娱教"符合教育技术应用于教学实践的本质特征，使教学变得更加"艺术"化；从心理学角度考虑，"娱教"符合学生学习的心理要求，使学习变得更加轻松愉快。"娱教"思想的提出顺应信息化时代教育信息化发展的要求，教育信息化不是教育"机械化"和教育"自动化"，而是更多的尊

---

① 《"娱"的解释》，2011 年 4 月，百度百科（http：//baike.baidu.com/view/735316.htm）。
② 李鸿科：《"娱教"视角内的信息化教学》，《湖北大学学报》（哲学社会科学版）2008 年第 3 期。

重人类的认知规律，还学习者一个天性，使学习者感受到学习的快乐。

（二）基于"娱教"本质的信息化课程应用分析

"娱教"的本质是"教"。基于"娱教"的课程教学是一种教学方法或策略，其本质属性还是教育，而不是娱乐。"娱教"的本质在于遵循教育的娱乐属性，充分挖掘教育中"乐"的一面。在课程教学的过程中，信息化教育理念逐渐渗透到教育实践当中，教育媒体不断更新、价格不断下降、功能越来越齐全，网络、多媒体等多种方式的信息化教学方式，使得传统意义上的"苦"教扭转为"乐"教。但"娱教"的本质是教育，其目的、内容、方法、手段、过程都应遵循教育教学的基本规律，遵循教育传播的基本规律。"娱教"不是一种新的教育，更不是否定传统的教育，只是完善和提升课程教学层次的一种方式。所以，"娱教"不能脱离基本的课程教学理论和传统的实践、教学经验而在"真空"中存在和发展，也不能一味地追求乐而忘本。

"娱教"离不开"娱"。脱离了"娱"的"娱教"就会变得黯然失色，没有了"娱教"的特点，更不会有"娱教"的优点，也体现不了课程教学的实质。传统教育不是做得不好，而是在信息化教学的环境中，应该有所完善，改变过去一味追求的"苦教"和"苦学"。因为信息技术手段为我们今天的教学带来了全新的物质和技术保障。传统教学中人们也在追求寓教于乐，但当时的媒体技术跟不上，这种想法在很大程度上难以付诸实践。[1] 而现在无论从"娱教"的思想上或技术保障上都有了很大的发展，借助教育信息化的良机，把教育的娱乐属性在课程教学中发挥得更加突出，这种重视"教"突出"娱"的"娱教"容易实现"娱"和"教"的完美结合。也只有这样，基于"娱教"的课程教学才是真正意义上的体现新课程理念的信息化教学。脱离"娱"的教会固守传统，没有新的发展。相反，没有"教"的纯粹的"娱"就会舍本逐末，失去教学的本质，丢失教学的意义，走向娱乐的极端。

（三）基于"娱教"内涵的信息化课程应用方法

所谓方法，有三种解释：①古指度量方形的法则；②现指为达到某

---

[1]　杨晓宏、李鸿科、梁丽：《基于"娱教"理念的信息化教学研究——网络偷菜游戏的"娱教"成分对信息化教学的启示》，《中国教育信息化》2011 年第 14 期。

种目的而采用的途径、步骤、手段等；③科学方法。① 根据此意，教学方法就是为实现教育目的而采用的途径、步骤或手段等。教学方法作为一个永恒的话题，是随着技术的进步和教学理论与教学实践的发展而不断发展的，只有更好的教学方法，没有最好的教学方法。讲授法、谈话法、读书指导法、练习法、演示法、实验法、实习作业法、讨论法等传统的教学方法大多是基于教学内容而提出的，随着信息化教学的不断深入，将传统教学法移植而产生的信息化教学方法已不能完全适应信息化教学实践的要求。② 为提升信息化教学水平，就需要从多角度、多视野探讨信息化教学方法。③

1. 基于"娱教"的课前放松法

"娱教"就是让学生在学习中体验到快乐，在快乐中进行学习。④ 因此，课前环节不可忽视。课前是学生进入学习状态的前奏，学生总会想：今天老师会不会提问，今天讲述的内容难不难，今天我的作业还没有完成等。这种自然的思考不自觉地变成了学生的焦虑，这种不自觉而又自然存在的焦虑使得学生在课前有着莫名的紧张感。所以，老师在课前不但要放松自己，也要使学生放松。因为在放松状态下人的个性特征才不受约束，人的随机发挥能力和实时的思维创新能力才能得到真正体现，人的智力水平才能呈现最佳状态。课前老师的一句关切语，老师积极跨上讲台的动作，老师自信地打开教案的一瞬间，都可以使学生心理放松，精神抖擞，学习兴趣激增，焦虑消失。相反，如果老师不情愿地走进教室，懒洋洋地登上讲台，厌烦地打开教案，一脸的严肃，一脸的疲惫，一腔的方言，则会在开课前无意间强化学生的焦虑和疲惫。课前放松法是指将"娱教"的理念融入教师的思维、以轻松、自信、激昂的姿态感染学生的情绪，减轻学生的课前紧张心理，消除学生的内心焦虑，使学生轻松、自然、乐意接受今天将要开始的课堂学习的一种教学方法。

---

① 《方法的解释》，2011 年 4 月，百度百科（http://baike.baidu.com/view/169819.htm）。

② 高佩、王伟廉：《关于优化教学方法的思考》，《中国教育学刊》1992 年第 2 期。

③ 杨晓宏、李鸿科：《"娱教"视角内的信息化教学方法探究——基于"娱教"理念的信息化教学研究》，《现代远距离教育》2011 年第 5 期。

④ 孙茳文、邓鹏、祝智庭：《基于娱教技术的体验学习环境构建》，《中国电化教育》2005 年第 7 期。

2. 基于"娱教"的课中幽默法

课中幽默法是指通过各种幽默形式实施课中"娱教"活动，达到寓教于乐，体现信息化教学特色的一种教学方法。"娱教"的核心是"教"，关键在于"娱"。有了适时、适度、准确的"娱"，才能实现轻松自然的"教"。"娱"的实现方法就是借助信息技术手段，结合教师个人的教学风格，针对具体的教学对象，充分利用教学环境，创造幽默的教学情境。幽默的教学可以营造轻松欢快的教学和学习氛围，[①] 是实现"娱教"的一种有效措施，也是实现寓教于乐的一种基本途径。说起幽默，大家可能认为很简单，其实不然，并非每一个教师都会幽默，也并非每一个幽默都是高级趣味的幽默，教学幽默就更难了。[②] 教学幽默并不是一句调侃的话语或开玩笑逗学生开心，而是教师创新性的信息技术应用、独特的信息化教学情境创设、幽默风趣的语言表述、抑扬顿挫的语调变化、富有变化的非语言神情、慷慨激昂的教学激情、熟练大方的动作示范、富有特色的教学课件、与众不同的板书风格、别出心裁的课堂提问、独具一格的组织讨论等的综合体现。课中幽默法并非教师在短时间内就能掌握和驾驭，它需要在长期的教学实践中不断积累教学经验，才能灵活运用。

3. 基于"娱教"的课后回味法

课堂上，经过师生的共同努力，学生满载而归，但如果课后没有回味和消化，没有品味出获得的乐趣，就会使所获变成"包袱"，久而久之不堪重负就会产生厌学和烦躁情绪。基于"娱教"的课后回味法就是把课堂知识融入课后实践，让学生体会到学有所用，用有所值，体验获得的意义，形成乐学的态度，培养乐学的精神。课后回味法的玄机在于布置课后作业的技巧，教师需要有针对性地设计一些渗透所学知识的有趣的研习活动，让学生自愿通过研习活动回味所学知识的乐趣。[③] 活动内容要经典，活动过程要简单，活动意义要深刻。

---

① 边信顺、郝素敏：《语文教学中介入幽默教学的尝试》，《河北师范大学学报》（教育科学版）1998 年第 4 期。

② 睢萌萌：《大学英语幽默教学法初探》，《安阳师范学院学报》2009 年第 6 期。

③ 王浴海：《课文分析中的回味和重复》，《语文教学通讯》1986 年第 8 期。

例如：学生在学习完 flash 动画制作技巧后，教师可以建议学生课后研习制作"月亮绕着地球转，地球绕着太阳转"的动画，这个知识点在小学就已经学过了，简单易懂，渗透在 flash 动画制作练习里面，既有现实意义，又有知识内涵，还有制作乐趣（模拟自然现象）。同理，学习 photoshop 图片处理技术，作业可以让学生把自己的照片处理成艺术照，学生愿意做，通过回味所学知识完成研习，既强化了知识点，也激发了学生的学习乐趣。学习完导游的有关知识后，教师可建议学生在课后模拟校园导游或就近的旅游景点进行导游研习活动，既能理论联系实际，有趣，容易实现，也能锻炼学生，实现了学生对知识的品尝、回味。

4. 基于"娱教"的实践体验法

实践体验法是设计"娱教"活动，实施信息化课程教学应用的一种教学方法。该方法强调学习者的主动参与、亲身经历、实践探究和内心感受，让学生在生活中体验学习的乐趣、感受大自然真实的一面，以真实的情境激发自己的感受，验证自己的思维，形成自己的理解，提升自己的智慧。[①] 基于"娱教"的实践体验法渗透着教育理念（从"做"中学）和"娱教"理念（从"娱"中学，教育即生长）[②]，是学习者通过实践提升认知水平和学习效果的过程。

　　湖南电视台曾做过一期"贫富调换"的节目（湖南电视台的《变形计》，一个长沙孩子和一个陕北孩子的生活环境调换），将一个偏僻山沟里，家庭特别贫困，但学习非常优秀、勤俭节约、尊重父母却面临着失学的初中学生和大城市一个家庭非常富裕，但学习一塌糊涂、衣食无忧，花钱无度却面临着辍学的初中学生临时调换家庭。让两个学生生活在对方的家里和新爸爸、新妈妈进行为期一个月的生活体验。城市小孩到乡下后，由开始的排斥到逐渐的接纳，最后甚至被感化。

---

① 洪加琴：《引导实践体验实施有效教学》，《新课程（小学）》2010 年第 10 期。
② 约翰·杜威：《民主主义与教育（上）》，王承绪译，人民教育出版社 2001 年版，第 3 页。

他也亲自挑着水桶到深山沟里去挑水，骑着破旧不堪的自行车跑几十里坑坑洼洼的山路去赶集，他也亲口品尝了贫困家庭难以下咽的没有半点油水的饭菜。所有这些真实的体验让一个从来不知道什么是艰难的孩子大开眼界，一个月后见到自己的父母，跪地声泪俱下地告诉爸爸妈妈，他今后一定好好学习，不再让爸爸妈妈生气。他的举动震惊了在场的所有人，包括他的亲生父母。孩子哭不是因为生活的艰辛，而是通过感受现实生活，领悟了生活的真谛。这种艰苦对孩子来说虽然是短暂的，但他内心领略到的人生哲理也许是永远的，是一生一世的，因为这种生活体验可能改变的是他的一生。而山沟里的穷孩子到了大城市的富爸爸、富妈妈家，由开始的好奇逐渐变得喜欢，最后甚至习惯和适应了这种生活。一个月的富裕生活让他感受到了大城市的繁华，让他感受到了小轿车的快捷，让他感受到了豪华大房子的舒适，让他感受到了大把花钱的阔气，也让他感受到了山珍海味的美味。这些幸福虽然是短暂的，只有一个月，但在他内心的真实体验却是深刻的、难忘的、永远的。惜别新爸爸、新妈妈后，带着他们送给自己的一辆从来都没有奢望过的新自行车返回山沟里的老家，他向记者谈了自己的感受，虽然这里的生活衣食无忧，幸福无比，但他还是更想念家乡的穷爸爸、穷妈妈，短暂的幸福生活让他见识了外面的世界，开阔了他的视野，但并没有让他变得懒惰或颓废，而是更加坚定了他的信念，使他确定了更高的奋斗目标和理想。

这虽然是一期很有创意的电视节目，但其中的"娱教"意义不小。这也正是体验学习法在"娱教"中的奥妙之处：尊重学生的个性特征，让学生通过真实的生活体验，在自我感受中理解学习和生活，体验学习的乐趣，感受生活的美好。

5. 基于"娱教"的角色扮演法

角色扮演一词在当前主要是指虚拟游戏中的角色体验。① 在心理学中，角色扮演是指个人具备了充当某种社会角色的条件，承担和再现相

---

① 《角色扮演》，百度百科（http://baike.baidu.com/view/170149.htm），在游戏中，玩家扮演虚拟世界中的一个或者几个特定角色在特定场景下进行游戏。

应角色的过程与活动。① 基于"娱教"的角色扮演有两层隐含意：第一层是基于教育游戏的角色扮演与虚拟体验；第二层是基于课堂活动的角色表演与实践。两个层面的场景有所差别，但角色扮演的内涵是一样的。第一，一定要根据课程内容中的情境确定主题和场景；第二，要具备相应的情景道具；第三，要选定适合的学生表演；第四，时间长短要适度；第五，要进行间断的评价和说明；第六，角色扮演要进行自我总结，说出体验和感觉。角色扮演对于中小学生来说是非常有乐趣，非常愿意参与的学习过程，其中的娱乐元素非常充分。

比如小学四年级语文课程《鹅》这篇课文中描写鹅的高傲、大摇大摆，出场就像京剧里面的净角，姿态高傲、大方、霸气。针对文中的情境，教师叫了三个学生和自己，多媒体播放着京剧出场的音乐，四人在讲台上一起出场。时间非常简短，效果很好，完成后再对比银幕上的视频播放，让其他学生给四位"演员"打分评价，教师表演的效果最"差"，这是我们故意设计的，让教师直接快步走出来，学生是主体，教师是配角，教师的这种表演正是融入了娱乐元素，制造了娱乐气氛。学生跟教师共同表演非常开心，教师表演的还没自己好，学生的体验更加有信心。

所以，角色扮演是需要精心设计的，需要恰当的融入娱乐元素，要判断是否适合角色扮演，并不是只要角色扮演就可以取得效果。

6. 基于"娱教"的互动激励法

互动激励法是指在信息化课程的教学应用中，通过师生互动制造娱乐元素，通过适时的激励强化娱乐效果，实现寓教于乐的一种教学方法。基于"娱教"的互动激励法主要表现在教学活动中的师生互动，师生在教和学的过程中共同创造快乐、感受快乐和体验快乐。教师借助教学媒体虽然使自己的课堂生动了许多，但同时也会因过度依赖教育媒体吸引学生，而忽视捕捉学生的反馈信息，忽视学生的参与，忽视师生

_____

① 徐彦：《角色扮演教学法在高中生物教学中的应用》，《宁德师范学院学报》（自然科学版）2011 年第 4 期。

的互动。在信息化课程的教学应用中，需要教师正确引导学生参与活动，积极配合学生完成活动，及时给予学生互动奖励和表扬。

> 比如小学四年级语文课程《猫》的教学中，老师提问总是有几个同学从来不举手，老师灵活变通一下，有意点名一位没有举手的学生站起来跟老师两人齐读一段课文，读的过程中，老师有意压自己的声音，使得这位比较胆小的学生读书的声音很洪亮。读完后老师问全班同学："他读得好不好"，学生齐声回答："读得很好。"老师马上要求全班同学齐声击掌以此鼓励，拍掌的声音很整齐，也很有力，那种鼓励是震撼人心的感觉，应该也是很高的奖励。使学生的自尊心得到保护，自信心得到增强，恐惧感得到消除，学习快乐系数有所提升。

由于互动中学生有参与感、有责任感、有任务感、有亲近感、有合作感、有竞争感、有优胜感、有对比感，因而积极性较高，思考问题较深入，能感受到学习的快乐。良好的师生互动需要教师善于捕捉学生的"无语"信息来调整自己的教学，有针对性地采取相应的激发策略，带动学生大胆地参与和互动。[①] 教学互动激励的形式是多样的，如师生问答、师生讨论、师生辩论、师生表演、角色互换等。

7. 基于"娱教"的情境陶冶法

基于"娱教"的情境陶冶法就是通过创设与教学内容相吻合的情境，突出学习内容的重点和难点，融知识于情境中，运用情境吸引学生使其对知识点感兴趣，引导学生在体验情境的过程中从情境中提取知识点，在"不知不觉"中接受知识点。这个过程就是情境引起学生内心情绪变化而感悟知识点，知识点发挥作用感化学生引起知识的迁移和内化。[②] 通过"吸引—感兴"、"主动—感受"、"自我—感染"、"内心—感悟"、"接受—感化"这一过程，激发学生的学习情感，融入"娱教"的快乐，实现轻松愉快的学习，达到情境陶冶的教学效果。

---

① 曹韵：《WebQuest 与互动激励两种教学模式在高校英语教学中的结合应用》，《中国科教创新导刊》2010 年第 34 期。

② 彭伟兴：《创设美的情境 陶冶美的情操》，《新课程（教研）》2010 年第 7 期。

　　例如小学四年级语文课程《猫》的这篇课文中有一个关键字"蹭",课堂上花了近7分钟的时间介绍猫为什么蹭人,猫如何蹭人。经过设计,我们使用了一段猫蹭人的生活片段视频,仅有几十秒,把猫蹭人的动作、神态、表情表达得淋漓尽致,再加上主人的感慨的笑声及对猫亲昵的称呼"招财",图文并茂、声画并举、情境感人、过程逼真。对于从来没有见过猫的同学来说也是一次出神入化的感悟和体验。

　　基于"娱教"的信息化课程教学应用中的情境创设方式是多种多样的:首先,就地取材,创设实物情境(事实情境)。基于"娱教"的信息化教学情境创设不需要大动干戈,在很多情况下就地取材能取得意想不到的教学效果。例如在讲数学科目中的"圆"时,可以带着生活中的实物圆环(健身圈)和圆球(篮球)给学生看,使学生更容易理解"圆"的概念,这比讲解、苦口婆心地说教的效果要好得多。有形的实物生动形象,但只有选材典型和融入精心的设计,才能最大限度地激发学生的学习兴趣,提高教学效果。其次,精心设计,营造活动情境。活动情境是指教师根据课程内容,在组织学生扮演角色,进行讨论辩论,开展合作学习,实践发明设计等活动中融入"娱教"快乐成分的教学情境。比如要培养学生善良有爱心,可以组织学生到敬老院帮助老人。基于"娱教"的信息化教学情境创设要求教学内容本身应有一定的故事情节,以便于学生参与设计、参与演戏、进行模仿等。最后,利用多媒体,创设声像情境。多媒体集文本、图形、图像、声音、动画和视频于一体,图文并茂,声像并举,在创设声像情境方面有着特别的优势。

　　8. 基于"娱教"的数字虚拟法

　　基于"娱教"的数字虚拟法就是借助虚拟技术,结合三维技术,融入"娱教"成分,制作三维的虚拟环境、虚拟场景、虚拟情境、虚拟对象,实现虚拟教学和虚拟实验的一种教学方法。①

---

　　① 周振军、张庆秀、马彦华:《虚拟教学技术教学应用分析》,《内蒙古师范大学学报》(教育科学版)2005年第5期。

QQ 开心农场是腾讯公司开发的一款网络游戏，一时风靡全国，偷菜几乎成了人们每时每刻都在谈论的话题，好多人不顾白日的上班辛苦，深更半夜起来打开电脑就是为了偷菜，足以说明其影响力之大。QQ 开心农场场景虽然是虚拟的，但是虚拟场景的设计原型却来自于生活，其视觉效果近似自然景物，结构、布局、色彩搭配、虚拟道具设置都带有浓厚的农村"风味"。这对于生活在大都市厌烦了城市的繁华，渴望过上更加自然生态的农村生活的人来说，如同吃农家饭一样快乐，买种子、挖地、下种、浇水、施肥、除草、捉虫、收割售卖等一系列农村生活原型给他们提供了真实的感觉，这种真实感既让他们体验了劳动者踏实、纯朴艰辛的一面，也为他们提供了以虚拟的方式与大自然亲近的机会。

基于"娱教"的数字虚拟教学能够完成现实教学和实验的模拟，虽然手段是虚拟的，但过程是完整的，体验是真实的，体现了数字技术在教学中的高级应用。[①] 同时，基于"娱教"的数字虚拟法也可以完成现实中无法完成（不具备实验条件）或者不存在的实验模拟，为学习者提供更多的想象空间和探索机会，具有创新性、探究性、娱乐性等特点。当前数字虚拟技术还处于探索阶段，在未来的虚拟教学和虚拟实验中有很大的发展空间和发展潜力。虽然学习者在数字虚拟教学和虚拟实验中的参与是虚拟的，但同样可以积累经验、得到训练、提高技术、学到知识。比如飞行员的虚拟训练，学员头戴三维立体头盔显示器，身穿数据衣服，手戴数据手套（三维传感鼠标）。呈现在其眼中的景象完全和真实的飞机一样，当他用三维鼠标进行飞机起飞、飞行、降落等操作时，显示器中的仪表盘数据作相应的变化，同时数据衣服根据操作的程度计算作用于学员身体相应部位的力。通过这种虚拟式的飞行员训练，既保证了初学者的安全，也达到了训练的目的。基于"娱教"的数字虚拟法在虚拟教学、虚拟实验、虚拟训练等方面有着广阔的应用前景，对提升信息化教学水平有着非常重要的作用。

---

① 李耀麟、张吕彦：《虚拟实验的研究现状及其发展前景》，《陇东学院学报》2009 年第 2 期。

9. 基于"娱教"的协作共学法

基于"娱教"的协作共学法就是以小组（五个人左右）的方式，本着快乐的原则，开展协作学习的一种教学方法。因为"娱教"强调乐学，人数多、大一统的教学，难以实现每个同学的快乐；一个人、个别化的教学可能是一种单调的自我快乐；大集体、聚会式的乐学可能是一种杂乱的快乐。而协作共学中小组成员自由组合，年龄接近，有着相当的水平，有着共同的目标，有着相同的情趣，有着更多的默契，更容易实现心灵的沟通和互动，有更多的自我表现和发表意见的机会，更容易实现寓教于乐。小组成员的组合可以是同班的，也可以是来自网络的。小组借助网络、手机、电脑等多种方式实现协作共学，既可以是面对面的协作共学，也可以以论坛、邮件、公告、博客、QQ 群等作为交流平台，实现实时和非实时的多种协作共学、移动协作共学等。基于"娱教"的协作共学法有利于发展学生的个体思维，增强学生个体之间的沟通和理解，容易形成学生的批判性思维与创新性思维，增强学生的自信心、包容心，达到相互理解和相互尊重。

10. 基于"娱教"的传统道具法

基于"娱教"的传统道具法是指充分利用传统教学媒体或者道具实现寓教于乐的方法。现代教学中教师过于重视多媒体教学，或多或少对传统教学媒体和教学道具有所忽视，低估了其教学的价值，其实不然。① 传统教学道具恰当地运用，也可以产生多媒体教学所不及的效果。

比如一个四年级数学老师教授学生"角的度量"的相关知识，一开课就给每个学生发三个神秘的信封，课前不允许学生打开，课堂上当老师讲到具体环节时，要求学生打开第一个信封，在讲到第二个环节时要求学生打开第二个信封，最后打开第三个信封。每个信封里面装的是硬纸卡片，上面是打印好的不同角度的测试题及测量角度的工具，而且每个卡片上的作业是不相同的。这种卡片式的信封教学效果非常好：第一，神秘信封有武侠剧里前辈给后辈指点迷津的密文的感觉，吸引了学生的好奇心，带有神秘的娱乐感；第二，每个信封里面的卡片是不同角度的测试题，每个学生需要亲自

① 黄能：《传统教学法价值再探讨》，《山东外语教学》2000 年第 4 期。

动手测量，神秘的娱乐中进行着快乐的学习；第三，道具结构简单，使用方便，容易实现，达到了预期的教学效果。

传统教学道具的设计和选择一定要和课程内容相吻合①，融入娱乐元素，使用恰当，成本低廉，教学效果非常好。

四　基于新课程标准的信息化课程教学评价

（一）课程信息化评价依据

2011 年 12 月 28 日中华人民共和国教育部发布了教基二［2011］9 号文件，根据教育部基础教育课程教材专家咨询委员会的咨询意见和教育部基础教育课程教材专家工作委员会的审议结果，经研究，决定正式印发义务教育语文等学科课程标准(2011 年版)，并于 2012 年秋季开始执行。文件强调了课程标准在执行中的有关要求：全面加强学习培训工作，深入推进教学改革，积极推进评价考试制度改革，加强课程资源建设，加强组织领导。

新课程标准是国家课程的基本纲领性文件，是国家对基础教育课程的基本规范和质量要求，是教材编写、教学、评估和考试命题的依据，是国家管理和评价课程的基础。它体现了国家对不同阶段的学生在知识与技能，过程与方法，情感、态度与价值观等方面的基本要求，规定各门课程的性质、目标、内容框架，提出教学和评价建议。基础教育各门课程标准的研制是基础教育课程改革的核心工作，经过全国近 300 名专家的共同努力，18 种课程标准正式颁布。② 由于课程标准规定的是国家对国民在某些方面或某些领域的基本素质要求，因此，课程标准对教材、教学和评价的指导意义是毫无疑问的，课程标准规定的基本素质要求是教材、教学和评价的灵魂。这也正是我们将课程标准作为课程信息化评价体系构建的直接依据的意义所在，课程信息化效果如何，最基本

---

① 王继明：《论传统教学法与现代教学法在"概论"课教学中的配合模式》，《山西高等学校社会科学学报》2011 年第 4 期。

② 小学初中各科课程标准：语文课程标准、数学课程标准、科学课程标准（一）、科学课程标准（二）、物理课程标准、化学课程标准、生物课程标准、地理课程标准、历史课程标准、历史与社会课程标准（一）、历史与社会课程标准（二）、英语课程标准、日语课程标准、俄语课程标准、音乐课程标准、美术课程标准、艺术课程标准、体育与健康课程标准。

的评判评价依据就看是否达到新课程标准。

新课标是课程信息化评价的**基本依据**。原因在于：第一，课程标准是实现课程信息化的前提。课程信息化的主体是课程，课程信息化的本质是改善课程，课程信息化是对课程进行信息化设计使其达到更优化的过程，优化的价值判断在于课程规范、准确和科学，如果脱离课程标准的信息化必然导致失败，课程信息化的结果必须保证课程的合格性。第二，课程信息化是实现新课程标准的重要途径。课程是组织教育教学活动的最主要的依据，是集中体现和反映教育思想和教育观念的载体，因此，课程居于教育的核心地位，课程信息化依照课程标准对课程内容进行信息化设计，使其更好、更有效地实现新课标。第三，新课标是提升教学效果的基准架构体系，课程信息化是提升教学效果的实施方案，二者相辅相成。课程价值的体现、课程作用的发挥直接影响着整个教学效果，而课程信息化的过程就是为了提升课程价值，使得课程的潜在价值和作用发挥到最大值。所以说课程标准是课程信息化的基本依据，是信息化课程发挥作用的着力点，是进行课程价值判断的基准。

工作效率及难度是课程信息化评价的**实施依据**。根据我们的课程信息化实践，撰写课程信息化规划并对规划的可行性进行论证的时间较长，花费了　个月时间。而对于课程信息化执行来看，只要工作理顺了，效率还是比较高的。具体进度以表格方式进行分析见表5-4。

表5-4　以小学四年级的一篇课文《猫》为例分析课程信息化工作进度及效率

工作步骤	工作内容	工作对象（课文：猫）	工作时间	工作效率
第一步	教师课堂授课（猫）	项目组听课（第一次）	40分钟	完成一篇课文从整个流程来看需要时间大概在1个月（40分钟＋120分钟合计为1天）
		项目组评课（第一次）	120分钟	
第二步	课程内容分析	完成课文内容分析表	1周（5天）	
第三步	课程信息化设计	完成课文信息化教案	1周（5天）	
第四步	课程信息化开发	完成课文多媒体课件开发	1周（5天）	
第五步	信息化课程"娱教"应用	项目组听课（第二次）	40分钟	
		项目组评课（第二次）	120分钟	
第六步	修改、完善	根据修改意见进行完善	1周（5天）	
第七步	听课审核，课程编号归类	项目组听课（第三次）	40分钟	
		项目组评课（第三次）	120分钟	

　　以上时间计算是按照工作初期每个人负责 1 篇课文的工作效率来进行估计和预算的，时间分配比较充足，是在不耽误正常教学工作的情况下穿插进行的。该校四年级有 6 位语文教师，按照每人负责 1 篇课文，按表中最充足时间的预算，每个月可以完成 6 篇课文的信息化工作，每学期 5 个月可以完成 30 篇课文的信息化工作。人教版小学四年级语文上册有 40 篇课文，预计工作稍微抓紧点一学期完成上册内容的整个信息化是没有多大问题的。按照这个进度，一年内一个课程组可以完成一门课程的信息化工作，如果对课程信息化再进行认证或评估工作，所有课程的工作组同时开展工作的话，应该说两年时间可以完成西门小学所有课程的信息化工作。这个工作进度和效率符合西门小学教学发展的要求，具有可行性。从工作的难度情况来看，在工作初期，教师接受课程信息化有个过程，后期随着基本技术的提高及工作的熟练，后续工作进行比较顺利。

　　教学效果是课程信息化评价的**直接依据**。教学质量是教学工作的根本所在，教学效果是教学质量的外在表现。[①] 课程信息化通过课程内容分析、课程信息化设计、课程的"娱教"应用，最终的目的就是通过课程的信息化来进一步提高教学质量，取得更好的教学效果的过程。如果课程信息化对教学效果没有任何提高作用，可以肯定地说，课程信息化的结果是失败的。需要说明的是，课程信息化对教学效果的提升不仅仅局限于成绩，还在于对学生认知能力、认知态度、认知情感、认知方法等方面的引导和提升，使得学生在提高学习成绩的同时，树立正确的认知态度，产生爱好学习、向往学习的热情，掌握科学的认知方法和策略，能够有效提高学习效果。[②]

　　（二）课程信息化评价目标

　　课程信息化评价是一个价值判断的过程，价值判断要求在事实描述的基础上依据一定的新课标对课程价值和作用进行评判，目前有三种价

---

　　① 韦翠萍、刘艳丽：《多媒体教学法与传统教学法教学效果差异性研究》，《中国高等医学教育》2007 年第 8 期。

　　② 孔伟东、张星彬：《教学效果评价的重要参数——学生学习的积极性》，《科学咨询（教育科研）》2010 年第 5 期。

值取向的课程评价。① 第一，目标取向的课程评价。这种观点的主要代表人物是被称为"现代评价理论之父"的泰勒及其学生布卢姆等人，他们认为课程评价是将课程计划和预定课程目标相对照的过程。在这里，预定目标是评价的唯一标准，它追求评价的科学性与客观性，因而，这种取向的评价的基本方法论就是量化研究方法，并常常将预定目标以行为目标的方式来陈述。第二，过程取向的课程评价。这种评价试图将教师和学生在课程开发、实施以及教学过程中的全部情况都纳入到评价的范围之内，强调评价者与具体情境的交互作用，主张不论是否与预定目标相符，与教育价值相关的结果，都应当受到评价。第三，主体取向的课程评价。这种观点认为课程评价是评价者与被评价者、教师与学生共同建构意义的过程。课程信息化评价相对来说比较复杂，评价目的更倾向于课程信息化的效果。课程信息化的效果不仅仅表现在形式（渗透技术的多媒体化）上，更重要的在于内容（课程信息化设计的合理性）和用途（课程价值的体现及课程作用的发挥）上。基于以上分析，课程信息化评价的目的在于，第一，课程信息化工作目标：判断课程信息化的教育价值和意义，就是对课程信息化实施的可行性及社会意义进行价值判断；第二，课程信息化结果目标：判断信息化课程的价值和意义，主要是在课程的应用和实践中表现出来；第三，课程信息化规范目标：判断信息化课程的达标和规范性，就是对照课程标准对信息化课程的学科性、科学性、准确性进行价值判断；第四，课程信息化完善目标：判断信息化课程在内容分析、信息化设计、"娱教"应用和体验性评价中存在的问题，以便进行查缺补漏，对课程信息化的环节及细节进行修改和完善，确保信息化课程的质量。

（三）课程信息化评价对象

课程评价的对象包括"课程的计划、实施、结果"等主要元素。也就是说，课程评价对象的范围很广，它既包括课程计划本身，也包括参与课程实施的教师、学生、学校，还包括课程活动的结果，即学生和教师的发展。因此，课程信息化评价也自然是一个相对复杂的过程，不仅仅是课程资源的开发，还涉及整个教学过程。因为课程是教学过程中的

---

① 周时明：《新教学评价的价值取向》，《新课程（综合版）》2009 年第 10 期。

核心元素，是连接教师、学生、媒体的枢纽，课程的作用渗透在教学的各个环节，课程信息化的教学效果也表现在很多方面。所以，课程信息化的效果不仅仅是通过课程本身来反映，而是通过学生的学习体验、教师的教学应用、课堂教学过程及教学效果来评判课程价值的过程。基于此，课程信息化评价对象的分析至关重要，跟课程密切关联的元素都是影响课程信息化效果的重要因子，有必要对其进行详细的分析。

第一，基于**学生反应**的信息化课程价值判断：学生学习反应的评价。在学生学习课程的过程中，内在的心理变化会通过外在的表情及行为反映出来，对于学生学习反应信息的捕捉，是我们判断学生学习状态的主要依据。① 课程效果会直接影响到学生的学习反应，因此，对于学生的注意程度、参与程度、参与方式、参与效果、配合程度、积极程度等都是学生在课堂学习过程中的表现。理想的信息化课程应该能为大部分学生的自主学习、积极举手回答问题，学生全员参与、全程参与学习等提供机会和帮助，大部分学生伴有满足、成功、喜悦等体验，从教学和学习中得到了生活、情感等方面较深刻的感悟，并能总结学习所得。

第二，基于**课堂状态**的信息化课程价值判断：课堂教学状态的评价。课堂是课程内容集中展现的舞台，课程是课堂的主要角色。② 因此，课堂教学评价是课程信息化必须关注的一个重要方面。课堂教学评价标准应首先关注学生的学习，体现新课程的核心理念——为了每一个学生的发展；强调教学内容与学生生活以及现代社会和科技发展建立联系；倡导主动、合作、探究的学习方式；使学生学会学习，形成正确的价值观；培养创新精神与实践能力。基于此，我们对课程教学状态的评价更关注课堂教学气氛、课堂教学节奏、课堂教学设计、课堂教学组织等。

第三，基于**教师教学**的信息化课程价值判断：教师教学过程的评价。教师是课程的执行者，是课程内容的传授者，课程效果的发挥与教师的教学方法、教学策略、教学能力、教学技巧、教学设计都有着直接的关系，同样的课程设计，不同的教师来使用，产生的效果是不相同的。③ 基

① 王鹏：《基于"人本主义"的学生评价》，《四川教育学院学报》2011 年第 12 期。
② 万荣根：《课堂评价的公平性探讨》，《教学与管理》2012 年第 3 期。
③ 李君玉：《PTA 量表：提升教师评价有效性》，《中小学管理》2011 年第 11 期。

于此，课程信息化效果的评价对教师教学过程的判断是非常有必要的，通过教师的教学过程来判断信息化课程对于教师来说是否适合，是课程设计的适用性价值判断过程。

第四，基于**资源效果**的信息化课程价值判断：资源设计效果的评价。资源是课程的资源，课程是由资源组合而成的课程。[①] 课程信息化的最大优势就在于通过课程内容分析，借助信息技术的优势对课程进行相应的信息化设计，使得原来的文本内容转化成为文本、图形、图像、声音、动画、视频等多种形式进行信息的表达，便于学生更加容易感知生动逼真，具有情境美感和艺术元素的课程形式，激发学生的学习兴趣，提高学生的学习效率。所以，课程信息化资源设计是我们评判课程信息化效果的重点对象。

第五，基于**媒体应用**的信息化课程价值判断：媒体应用效果的评价。教学媒体是课程信息展现的工具，是教师教学的必备工具，其对课程效果的发挥也有着一定的影响。课程信息化并不是所有的内容都必须要以信息化手段来展现，而是要跟传统教学媒体的应用相结合，选择最合适的媒体配合最恰当的应用，媒体的效果才会发挥出来。现实的教学中，多媒体教室、电子白板、触摸屏电视等成了热捧的对象，不管是否适合，几乎所有课程都会搬到多媒体教室上课，对于不适合的课程来说效果自然不可能很好。所以，媒体的选择，媒体的应用方式、应用时间、应用时机的把握都会直接影响到课程效果的发挥。

总之，课程信息化评价是个复杂的过程，既要考虑到教师的教，还要考虑到学生的学及媒体选择与应用等多种元素的影响作用，需要综合考虑，全面衡量，在注重结果评价的同时，更注重过程的评价，才能做到对课程信息化效果的客观评判。

（四）课程信息化评价的方法

课程评价的方式是多样的：第一，根据评价主体的不同，可把课程评价分为自我评价和外来评价；第二，根据评价的目的不同，可把课程评价分为诊断性评价、形成性评价和总结性评价；第三，根据评价的参照标准

---

① 潘安娜：《校本教学资源评价研究》，《江苏教育学院学报》（自然科学版）2010 年第 4 期。

或评价反馈策略的不同，可把课程评价分为绝对评价、相对评价和个体内差异评价；第四，根据评价手段的不同，可把课程评价分为量性评价和质性评价。课程信息化评价跟课程评价有着本质的区别，课程信息化评价的目的在于考察信息化过程对于课程功能的提升、对于课程内涵的挖掘、对于课程特色的展现、对于课程作用的发挥有没有起到明显的作用，因此，信息化手段、信息化成本、信息化效果是课程信息化评价的重点。

表 5 - 5   **课程信息化评价方法列举**

评价核心	影响因子	对应评价方法
课程信息化手段的可行性判断	时间	效率计算法
	效率	
	意义	价值分析法
课程信息化成本的合理性判断	成本	成本测算法
	效益	效益核算法
课程信息化效果的显著性判断（重视情感体验式评价）	成绩变化	基于课程内容的考试测评法
	行为变化	基于课堂及录像的行为观察法
	体验感受	基于学生学习体验的问答测试法
	权威认证	基于专家的论证分析法

课程信息化评价相对来说是个比较复杂的过程，对于课程信息化手段的可行性判断及对课程信息化的成本合理性判断比较容易实现，大部分是些定量化的分析[1]。而对于课程信息化效果的显著性判断就比较复杂，需要定量分析和定性的分析相结合。因为课程信息化教学应用效果不仅仅反映在课堂和学生学习成绩上，有些价值的潜在意义可能反映在远期效果和隐性效果上。所以，课程信息化的评价方法要重视技术和艺术的结合，要重视近期和长远的结合。

（五）课程信息化评价的重点

回归课程本源的评价。当前的信息化教学实践中，对信息化教学的

---

[1] 郑雁：《基于电子档案袋的高职课程信息化评价方式探究》，《湖南第一师范学院学报》2010 年第 3 期。

评价存在诸多误区，很多时候往往将评价焦点集中在多媒体课件或者课程资源开发的技术难度上，用技术难度区分信息化教学的"档次"，难免舍本逐末。课程信息化的评价必须回归课程[1]，以课程为本源，以教学为立足点，以学习为归宿点来评价信息化课程的教学效果。

教育和娱乐相结合的评价。[2] 人们实现教育目标的途径是多种多样的，动物在皮鞭下也可以完成简单的人类能完成的动作。如猴子敬礼、鹦鹉叼钱、猩猩拳击、老虎表演等，但是动物的表演是和皮鞭及美食联系在一起的，它们并不理解这一动作的意义所在。人类的教育是改变在强迫、抽打下机械性的学习，走向更高级的以人为本的文明教育，实现寓教于乐的教育。课程信息化以学生为本，尊重学习者的个性，考虑学习者的学习体验，充分借助信息技术通过对课程的信息化来实现新课程目标。教育的过程是自然的，学习的体验是轻松的，是最大限度挖掘课程的娱乐属性，融知识于游戏中或情境中，实现以学生为本的人性化教育，遵循学习者认知规律的科学教育。

技术和艺术相结合的评价。[3] 课程信息化利用数字技术创造课程艺术，通过课程艺术感染学生。艺术化不是纯粹的艺术，而是将其融入课程内容，使表达信息的方式艺术化，增强信息表达的力度和效果。有了艺术美感，才能激发学习者的欣赏感，产生对美的享受，体验学习的快乐，提高他们对课程内容的理解力；有了技术的支持，信息化课程的艺术创新才能得到空前的发展。技术和艺术相结合的过程也是相互渗透的过程，相互促进的过程，是实现课程信息化提升和创新的有效措施。

近期和远期相结合的评价。信息化课程的教学效果，既有近期的阶段性效果，也会对学习者产生长远的、终身的影响。如果学生长期接受传统方法的"灌输"和"死读书"，这对于学习者的身心健康、人生态度、理解学习的意义、对待学习的态度等都会产生不利的影响。[4] 而通过课程信息

①　刘志军：《课程评价的现状、问题与展望》，《课程·教材·教法》2007年第1期。
②　刘垚：《课程评价模式发展理路研究》，《当代教育理论与实践》2011年第12期。
③　王中男：《课程评价改革路在何方——基于文化分析的一种观点》，《教育理论与实践》2011年第31期。
④　李运昌、何青霞：《课程评价性思维：教师课程意识的觉醒与彰显》，《当代教育科学》2012年第1期。

化，有效融入"娱教"思维，给学习者提供逼真的学习情境，设计自主、协作和探究的趣味性学习活动，创造和谐、平等、自然的互动和参与，充分发挥出学习者的主动性，激发学习者自我学习的欲望，实现轻松而又愉快的学习，体验到学习的快乐，真正领会学习的含义和长远价值。所以，课程信息化评价既要看到近期效果，也要注重长远意义。

显性和隐性相结合的评价。信息化课程的教学效果有些是显性的，可以量化考评，比如成绩、作业、论文等。有些是隐性的，或者说是潜在的，比如学习体验、形成的人生态度、对学习价值的判断和意义的理解、学习能力的提升等。隐性效果是无形的、看不见摸不着的，但却实实在在地发挥着作用，隐性效果可能会贯穿人的一生，其作用不容忽视①。显性和隐性相结合的评价是课程信息化必须考虑的一个新的评价视角。②

（六）课程信息化评价体系

课程信息化评价体系的构建主要是在综合考虑课程信息化工作的难度与可行性，课程信息化过程的内容分析、信息化设计与开发、信息化课程的"娱教"应用及信息化课程教学的体验性评价等几个方面来构建的一个课程信息化评价体系表。③ 一级指标为课程信息化内容分析、课程信息化设计与开发、信息化课程的"娱教"应用、信息化课程的体验性评价。内容分析重点考查对知识点、重点、难点、总结与拓展部分的分析是否准确，是否抓住了课程的内涵；课程的信息化设计与开发部分重点考查课程内容以信息化手法呈现的效果，比如文本、图形、图像、声音、动画和视频的选择是否典型，与课程内容是否贴切，对信息的表达是否充分；信息化课程的"娱教"应用重点考查教学应用方法，对于"娱教"方法的融入和渗透是否自然恰当，教学效果是否显著等；信息化课程教学效果的情感性体验评价重点考查新课程理念是否得到落实，从学生角度判断学习过程中，是否体现了学生的主体性，是否达到了轻松愉快的学习，学生的知识掌握、能力提升、个性展示、特长发挥是否得到体现。

---

① 刘志军：《课程评价的现状、问题与展望》，《课程·教材·教法》2007 年第 1 期。
② 冯生尧：《课程评价含义辨析》，《课程·教材·教法》2007 年第 12 期。
③ 钟启泉：《走向人性化的课程评价》，《全球教育展望》2010 年第 1 期。

表 5 - 6 　　　　　　　　　　　**课程信息化评价体系表**

学　校			教　师	
班　级			日　期	
学　科			地　点	
内　容				

分类	一级指标权重	二级指标权重	二 级 指 标 内 容	二级指标评分值						得分
				5	4	3	2	1	0	
信息化课程应用评价	25%内容分析	5%	知识点（知识点分解是否准确）							
		5%	重点（重点把握是否准确）							
		5%	难点（难点是否突出）							
		5%	总结（内容总结与归纳是否完整）							
		5%	升华（拓展或延伸是否有意义）							
	25%内容设计开发	5%	文本（字体、颜色、大小、格式、规范是否合适）							
		5%	图形、图像（图形制作与图像选择是否典型，是否与内容贴切）							
		5%	声音（意境意义、节奏快慢、音量大小是否合适）							
		5%	动画（效果对过程或者原理的展示是否准确恰当）							
		5%	视频（画质、音效、情境与内容是否一致）							
	25%"娱教"应用	5%	"娱"的成分（教育中"娱"的技巧及尺度把握）							
		5%	"娱"的方法（灵活性、多样性、贴切性、独特性）							
		5%	教学媒体运用（熟练程度、使用时间、使用时机的把握）							
		5%	教师主导作用（引导、启发、协助、互动）							
		5%	活动设计（问答、分组、讨论、表演、展示等）							
	25%体验式评价	5%	学生主休感（参与机会多，能够充分表达自己的思想，可以进行提问、质疑、批判，个性得到展示，特长得到发挥）							
		5%	学习快乐感［听课很享受，活动很快乐、内容（学习内容）易接受、互动很热烈、交流很融洽、问答很自然等］							
		5%	学习接受感（掌握知识点、理解重点和难点、融会贯通、有收获感）							
		5%	学习压力感（表情自然、反映积极、不回避提问，回答错了没有挫败感，轻松完成作业，积极应对测试）							
		5%	自主学习感（主动思考、主动探究、主动解决问题，在教师引导和启发下能够自主完成学习任务）							

综合评价	总结描述		综合得分	
			等级评判	
	改进建议		评价人：	

第六章

课程信息化分层推进设想

第一节 新课程分级设置对课程信息化分层推进的启示

新课程管理体系改变了过去大一统的国家课程唯一标准的做法，采用了从上到下分层管理体系。[①] 国家课程具有标准化、普适性、全民性、统一性的意义和内涵；地方课程具有地方特色，反映地方教育的资源优势，具有本土性、文化性的意义和内涵；校本课程能够反映学校优势和特色，具有校本文化内涵。[②] 三者的统一与互补对课程信息化的推进有着重要的启发意义。

第一，新课程的统分管理策略有利于基本架构的标准化。课程是培养人的主要内容，对于学习者来说知识的基本架构体系如同构建高层楼房一样，基本技术要有规范的标准和尺度，否则，基础架构没有统一标准来衡量，就无法确认是否达标，基础构架不牢固，整个体系都存在着安全隐患。课程信息化也是一样，需要标准化的基本架构，来对课程信息化的基础性价值判断有个依据。否则，课程信息化的效果没有统一的基本标准，就无法衡量和判别课程信息化的效果和价值。

第二，新课程的上下互补策略有利于模块结构的优化。国家课程具有标准性的意义，起到统一的作用，但是如果统得过死，课程发展就会

[①] 胡楠：《新课程管理体制刍议》，《辽宁教育行政学院学报》2009 年第 6 期。

[②] 潘小福：《新课程管理的实践与反思》，《教书育人》2005 年第 15 期。

僵化、机械化、模板化。因为全国那么多的学校处在不同的地域，不同地域具有不同的经济条件、文化氛围和资源状况，地方课程正好是在充分展示地方特色和发挥地方优势的基础上对国家课程的补充。学校更是如此，就算是在同一地方，每个学校发展理念、发展条件、发展资源也是不同的，校本课程正好是考虑到学校的办学宗旨、发展定位、师资力量、教学优势等来进行学校特色课程的建设，具有特色的学校课程适合学生个性和特长的培养。因此，课程信息化也需要针对不同地域、不同学校、不同环境、不同资源进行个性化发展和推进。

第三，新课程的全员参与机制有利于课程改革的深入。新课程管理体系，是从上到下，从国家教育管理部门，地方教育管理部门到具体的学校的全员参与，主动参与。① 而不再是行政部门的政策文件一发，强制性要求下面的地方和学校实施。因为强迫性参与的过程中参与者大部分处于被动执行，没有参与热情，没有看到参与的前途，没有课改的动力，新课程的建设和实施就很难落到实处。信息化教学的发展是未来教学发展的必然趋势，正如信息时代的到来没有人可以阻止。人们对信息化教学的接纳由当初的观望到进入积极地参与状态，课程信息化是探究信息化教学的新途径，是信息化教学实践的研究，更需要全员参与，积极参与，发挥团队和整体的力量优势来进行。

第四，新课程的个性化发展机制有利于新课程特色的展现。新课程的管理体系给予地方课程和校本课程足够的自由度，实现特色化发展，能够照顾到学校及学生的个别性差异，这也正是新课程改革的内涵之一。课程信息化根本目的是实现新课程目标，所以课程信息化更应该具有个性化发展的思路和方法。因为不同地域、不同层次，各级各类的学校信息化程度（如信息化环境建设、基础设施配置、信息化资源开发、信息技术的应用程度等）不同，不能也不可能要求所有学校平均化、同步化实施课程信息化，而是要根据具体情况选择不同的发展路径和策略。

---

① 仕超：《对新课程体系下教师教学行为转变的探究》，《滁州学院学报》2010 年第 3 期。

第二节　课程信息化分层推进的设想

课程信息化是信息化教学实践的研究，是推进新课程改革深入发展的有效策略，需要国家、地方和学校的支持，可以采用国家"搭台"，地方"编剧"，学校"唱戏"的分工原则来推进。借鉴新课程的管理思路，基于新课程的课程信息化实践可以采用整体规划，分层推进，上下兼顾，城乡均衡的思路来实施。

国家层面分工（构建课程信息化指导政策）。所谓的国家层面分工的含义在于三个层面：第一，国家制定相关的政策进行课程信息化发展的整体规划和长远规划，制定课程信息化发展的基本架构，也可以作为推动课程信息化发展的标准架构。有了一定的规划，课程信息化发展才会按照规范化的思路进行，不至于各自为政，自由蔓延。① 政策的指导意义在于推动中小学课程信息化规范化、有序化、长远化发展。第二，课程信息化需要一定的基础环境和硬件设施，仅仅靠学校的力量在短期内是很难实现标准化配置的。虽然国家在农村中小学现代远程教育工程中对中小学信息化基础设施建设有了一定的推进，但是对于系统化的课程信息化发展来说还是不能满足要求，特别是农村中小学的硬件设施情况的困境更为突出。所以，还需要国家加大课程信息化环境建设与投资的力度，为课程信息化的发展提供基础保障。第三，课程信息化是基于新课程改革的背景，以新课程内容为基点的一种现代信息化教学实践探究，无论从理论还是从实践来说都处于探索阶段。这就需要国家教育行政部门在利用工程推动硬件环境建设的同时进行信息化课程开发、信息化课程教学、信息化课程评价等立项建设，鼓励课程信息化的理论研究深入化和系统化，形成比较完整的课程信息化理论体系。

地方层面分工（构建课程信息化实践方案）。所谓的地方层面分工就是地方教育管理部门在国家政策指导下，充分发挥地方资源优势，根

---

① 陆莉玲：《课程领导视野下的国家课程校本化实施》，《江苏教育研究》2011 年第 34期。

据本地特色和经济条件，构建课程信息化实践方案。① 第一，学科课程信息化环境建设。课程信息化是个大的概念，必须落实到具体学科的课程信息化上。因为不同的学科具有不同的特点，课程信息化环境及条件的要求并不完全一样。这就需要有针对性地加强学科课程信息化环境建设，为课程信息化的推进提供基础。第二，课程信息化平台构建。课程信息化是一项系统工程，需要技术支持，通道连接，平台组建来提供比较完善的课程信息化系统。第三，课程信息化激励措施。课程信息化是信息化教学实践的过程，也是需要长期发展的机制。因此，课程信息化工作需要从长计议，有针对性的激励措施是必要的，为课程信息化工作的持续发展提供动力。

学校层面分工（执行课程信息化实践过程）。所谓的学校层面分工就是有了国家政策的引导和支持，有了地方政府或者教育部门的辅助和激励，学校启动课程信息化实践工作的过程。② 学校通过组织课程信息化团队，确定课程信息化的内容，计划课程信息化的进度，对具体课程经过内容分析，课程信息化设计与开发，再进行基于"娱教"的信息化课程教学应用和评价，创新教学方法，基于评价的意见进一步修改和完善信息化课程，直到信息化课程达到信息化要求的基本标准，然后进行推广应用。

---

① 郑世忠、卢文祥：《地方课程开发的研究与实践》，《吉林省教育学院学报》2010 年第 11 期。

② 郭华：《校本课程：亟待厘清的几个问题》，《中小学管理》2011 年第 11 期。

第七章

课程信息化研究结论与反思

第一节　研究结论

课程信息化是一项系统工程，本研究历经三年，在湖北省咸宁市咸安地区及嘉鱼县选定了几所中小学进行了实践验证，在进行课程信息化理论知识传播的同时，进行了课程信息化实践与实验。项目研究还在继续，初步的研究取得了一定的成果，现将研究结论及反思进行总结。

一　研究结果

（1）对课程信息化的概念做出了系统、完整的界定；

（2）提出了课程信息化的四个基本环节：内容分析、信息化设计、"娱教"应用、体验性评价；

（3）构建了课程信息化工作模型及实践模型；

（4）开发了课程信息化范例课程（小学四年级语文和数学）；

（5）构建了基于情感体验的课程信息化评价体系表。

二　研究结论

（一）课程信息化思路与中小学教师对信息化教学的内心诉求相吻合

课程信息化是在新课程理念指导下，以课程为主体，通过课程内容分析，然后进行课程的信息化设计和开发，再进行信息化课程的教学应用，最后完成信息化课程的教学评价。课程信息化是信息化教学深入发展和实践的有效策略，是解决当前中小学信息化教学中教师的困惑及教学实践问题的尝试与探索，迎合了中小学教师信息化教学的心理诉求。信息化教学实践中，教师制作大量的多媒体课件，耗时、耗力、效果不佳，却找不到解决问题的突破口，对信息化教学的体验也是疲惫不堪，百般无奈，因为信息化教学是未来教育发展的必然趋势，不得不适应新的环境。因此，教师的内心非常渴望信息化教学能够找到着力点，有重点，有方法的实现，而不是零散的、盲目的实践。第一，课程信息化概念的界定把课程信息化的主体、内涵和特点、重点和方法都阐释清楚了，为教师理解信息化教学的本质提供了重要解析，使教师认识到，信息化教学最本质的东西还是课程，新课改从课程开始，足以说明了课程在教学中的核心作用，因此课程信息化是信息化教学的着力点，有效把手，通过课程的信息化过程，有效实现信息化教学。第二，课程内容分析使得教师对自己的课程心里更有底。传统教学中教师是个人备课，个人分析课程，个人上课。课程信息化过程强调团队力量，强调集体备课形式，有专家参与，有技术人员参与，有学科教师参与，进行课程内容分析，依据新课程目标，分析内容知识点，把握课程重点和难点，思考每个知识点的信息化策略。紧扣课程内容的团队分析不仅没有抹杀个人备课的个性，反而集中了大家的智慧，对课程内容的分析更加全面和深刻，对知识点、重点的把握更加准确。第三，课程信息化的设计与开发融入了信息化教学设计思维，融入了制作的艺术美感，融入了视听的声画对白，融入了动态的过程模拟与情境体验，融入了技术创新的思维方法。使得课程作为承载和传播科学知识的过程中有了艺术美感和娱乐元素，学习不再是那么的枯燥无味，而是享受与好奇、体验与乐趣的结合。所以，课程信息化设计符合教师渴望优化教学的心理追求。

（二）课程信息化实践与中小学教师信息化教学的操作能力相适应

中小学教师教学实践能力强，但是对于理论体系及设计思维，还有信息技术掌握稍有欠缺，他们的教学研究最喜欢从实践开始，从基础开始，从教学活动开始，而不是从深奥的理论体系开始。课程信息化实践不需要开发复杂的平台和系统，而是紧紧围绕课程，从课程本身开始。主要是针对课程内容分析，就具体知识点、重点、难点分析后，开始判断是否需要信息化，如果需要，应该怎样信息化，思考信息化策略及信息化开发问题，始终围绕内容核心从基本做起，有着对课程的系统分析过程和设计过程，有着技术人员及专家的参与和帮助，课程信息化不再是纸上谈兵，不再是理论空洞说教，而是实践实验探索。教师直接参与实践过程，有特定对象，有明确任务，有专家指导，有技术支撑，有讨论争鸣，有实践步骤，整个信息化过程直接融入到教学活动中，反映的是团队精神，反映的是集体智慧。善于求新，积极创新的教师愿意做，也乐意尝试，是对自己提升的机会，也是对自己教学的一次探究过程，基于任务的驱动作用，在完成教学的过程中解决了原来不能解决的问题，学到了原来没有的技能，是扎扎实实的教学实践研究过程，是最适合中小学教师的科研方式和实践尝试。因此，课程信息化的过程从实践开始，提炼实践中的经验和技巧，再继续完善实践过程，以便进行更好的实践，符合教学研究的一般规律，适合中小学教学研究的发展。

（三）信息化课程的"娱教"应用为中小学教师的教法创新提供新思路

信息化教学进行得热火朝天，开发了大量的多媒体资源，但是在教学实践中的具体应用方法比较欠缺，很多老师运用传统的教学方法尝试着信息化教学的实践，效果自然会打折扣。虽然说教无定法，但是教学还是有法可循，贵在得法。目前关于信息化教学方法的研究应该还是处于真空状态，没有太多的触及。信息化教学方法的缺失，对于信息化教学效果的影响是直接的。基于对现状的考虑，课程信息化的前期工作内容分析，信息化设计与开发做得再好，如果不能得到恰当科学的应用，就会前功尽弃。为此，我们尝试着把"娱教"方法融入到信息化课程的教学应用中，这跟新课程改革的根本意图完全一致，因为新课程理念特别强调以生为本，重视学生的学习体验和学习情感，"娱教"方法正是基于这样的思考，通过游戏策略，融入娱乐元素，配合教师的幽默教学实现寓教于乐，教师教得轻松，学生学得愉快，这也正是中小学教师在不断探寻的教学方法。因此，基于"娱教"的信息化课程的教学应用为中小学教师的教学方法创新提供了重要的思路和策略。

（四）信息化课程的体验式评价能有效促进中小学教师践行新课程

信息化课程的教学评价综合考虑到当前教学考核机制及评价机制的约束，把评价重心进行了分解，不再把成绩作为唯一的评价依据，也没有走极端彻底抛弃成绩作为评价依据，而是把成绩作为评价依据的一部分。因为任何的学习都要先经过知识的学习过程，完后在理解的基础上把知识变为智慧。所以，智慧是建立在知识的基础之上的，知识的积累是"量变"，智慧的生成是"质变"，量变和质变之间有着必然的联系。由此，以成绩的方式对知识的考核或者考试也是有着一定的道理。除此之外对于学习能力的考核，学习过程的考核，学习体验的考核，学习情感的判断都是信息化课程的教学评价内容。这种评价与新课程思想吻合，符合新课程的评价要求，兼顾了当前考评机制的要求，对于支持教师大胆尝试新课程平台，为教师探索新课程的教学实践提供了有力的支撑。

（五）课程信息化的普及和推广适合信息化教学深入发展的要求

信息化教学的发展，最初的阶段主要是关注硬件资源的建设，关注信息化环境的建设；第二个阶段是关注软件资源的建设；当前的第三个阶段开始关注信息化教学的应用问题。课程信息化也正是信息化教学的实践范例，是从教学实际着手，以课程为核心节点，对信息化教学各个环节进行实践研究和探索的过程。信息化教学是个复杂的过程，也是一个动态的系统，仅仅重视硬件建设，导致"有路无车，有车无货"，硬件资源闲置浪费，耗费了不少的财力和人力，却没有发挥出硬件应有的作用；仅仅重视软件资源建设，没有跟教学实际联系起来，导致资源重复建设，资源质量不高，资源共享困难，"信息孤岛"林立，信息化资源没有得到最大化的应用，效果自然不能得到最大的发挥。课程信息化关注信息化教学的整个活动，紧紧围绕课程开发适合课程的资源，开发适合教学的优质资源，而不是普遍意义上的资源建设，有效的资源还要通过科学的应用使其作用发挥出来，所有的工作是在信息化教学实践中展开，没有专门的教师培训课，而是在信息化教学实践中围绕课程需求配置硬件设施和开发软件资源，以解决信息化教学中的现实问题为目的，提升教师的信息化教学实践能力。整个过程都是在信息化教学实践中进行，是为了教学而信息化，不是为了信息化而教学，这样的实践过程符合中小学教师的教学研究特点，适合中小学教师教学研究参与，对教师的教学和科研有帮助，为学校信息化教学的长远发展奠定基础，适合在中小学进行普及和推广。

第二节　研究建议

一　课程信息化的技术观

技术是形，教学是神，课程信息化需要形神兼备。随着科学技术突飞猛进的发展，以计算机普及为基础，以数字化技术为前提，以光纤和卫星通信技术为媒介的互联网的崛起和信息高速公路的建设，形成了全球性的通信网络，正加速着全球信息化的进程，也为教育搭建了信息化的平台，开创了新的教育未来。技术的融入引起教育思想、教育内容、教育手段和教育方式等方面史无前例的重大变革，这种变革推动了教育的进步和发展。① 但是，技术也是双刃剑，用得恰当，对于教学的促进意义是明显的，用得不恰当，对于教育的负面影响也是不可避免的。② 从信息化教学的角度来考虑，教学是最本质的东西，技术的融入是为了改进教学，为了提升教学，为了优化教学。③ 所以，在课程信息化实践中，不要被技术所困扰，更不要被技术绑架，认为没有多媒体课件就不是好的教学，没有用复杂的技术开发课程资源就是低等次的资源，使得课程信息化变成了课程技术化，变成了课程形式的数字化，没有课程内容的设计与思考，全盘追求电子化，这种变化只是形式上的变化，对教学的意义不大。技术渗透到课程中是为教学服务的，不是替代教学，教学是课程信息化的本质内涵，有了技术的支撑，信息化教学才能发挥出其优势，更有利于新课程目标的实现，更有利于教学改革的深入进行。④ 之所以在课程信息化的技术观点中强调"技术是形，教学是神"并不是否定技术的价值，也不是说技术在教学中不重要，恰恰是为了说明技术的重要性，课程信息化需要形神兼备，需要技术的支撑和支持，但是不能过分偏重于技术含量而忽视课程内容的分析，忽视课程本身，

---

① 桑新民：《技术—教育—人的发展（上）——现代教育技术学的哲学基础初探》，《电化教育研究》1999 年第 2 期。

② 桑新民：《技术—教育—人的发展（下）——现代教育技术学的哲学基础初探》，《电化教育研究》1999 年第 3 期。

③ 张丽、王吉庆：《浅谈信息技术教学中的技术观》，《电化教育研究》2008 年第 2 期。

④ 李丽：《反思科学主义的教育技术观》，《理论界》2006 年第 1 期。

生搬硬套技术或者是为了炫耀技术的课程信息化就会失去价值和意义。因此，课程信息化需要技术，更需要理性的技术应用观和恰当的技术应用方法。

二　课程信息化的教师观

教育技术不是神奇的魔法，教师才是真正的魔术师（贝瑞特），信息化课程是教师表演魔术的最佳道具。中国教育技术是在传统电化教育的基础上发展起来的，起步比较晚，但是发展速度惊人，由当初的教学尝试到逐步形成电教中心，由电教中心发展成为电教专业，再由电教专业发展到博士、硕士、本科、专科等各个层次教育技术专业人才培养的独立学科领域，培养的信息化人才已经深入到各级各类学校及相关领域，信息技术人员成了教育领域不可或缺的元素。因此，可以说教育技术推动教育改革的速度非常快，教育技术改变教学内容及方式的力度很大，教育技术渗透到教育教学领域的范围很广。但是，在这些变化中，我们还应看到教师的重要性。教师是教育技术的开拓者和应用者，教师对教育技术的内涵理解及应用策略会直接影响到教育技术作用的发挥，会直接决定教育技术的命运和前途。[1] 因此，魔术精彩演绎出来的是魔术师的思想精华和聪明才智，教师作为教育技术的魔术师，在推定信息化教学的实践中，课程信息化已经成为我们当前的主要任务，教师在课程信息化中起着决定性作用，课程内容分析，课程信息化设计与开发，信息化课程教学应用和评价都是教师思想精华的反映，需要教师的精心构思，需要教师的全程参与，需要教师的灵活驾驭。教育技术是教师实现信息化教学的神奇魔法，是教师实现课程信息化的有效工具，需要教师很好地把握和应用。充分发挥教育技术的优势深化教育教学改革，带动教育领域各个方面的发展，包括教育思想、教育观念的更新，对教学内容、教材形式、教学手段和方法，以及教学模式、教育体制和教学理论都产生深刻的影响，充分发挥技术的优势开发优质教育资源，为教师的教和学生的学

---

① 鲁春玲、顾向宇：《浅谈信息技术教师的专业发展》，《吉林师范大学学报》（人文社会科学版）2011 年第 1 期。

创设更加完备和优良的信息化环境，为适应信息时代的新型教学和学习提供技术保障，提供环境支撑，提供思想启示，提供方法创新。

三 课程信息化的学生观

学生是有生命的个体（叶澜），课程信息化是为了更好地尊重学生的学习和认知。学生观是指教育者对学生的基本看法，它支配着教育行为，决定着教育者的工作态度和工作方式。新课程理念下，学生是具有独立人格的、发展中的、有着完整生命表现形态的生命个体。因此，学生是"活生生"的人，是有生命的个体，是教学活动的核心主体。所有教学活动都必须关注学生的学习，关注学生的学习感受和体验，真正意义上做到为了每一个学生的全面发展。① 课程信息化不是"机械化"课程，也不是"程序化"教学，而是充分借助信息技术的优势，通过对课程内容分析，思考信息化策略，把课程内容转换成文本、图形、图像、声音、动画及视频等多媒体形式，更好地把新课程理念体现出来，以"娱教"的方式实施课程，以情感体验的方式评价课程，以更加适合学生学习和认知的课程方式辅助学生的学习，使得学生的学习是在轻松愉快中进行，是在寓教于乐中进行；使得学生自然形成正确的学习观，认为学习是生命个体健康成长的"快乐之旅"，而不是人生痛苦的磨难经历。

四 课程信息化的应用观

教育不是灌输，而是点燃火焰（苏格拉底），**信息化课程是点燃火焰的必备材料**。著名的古希腊思想家、哲学家、教育家苏格拉底（∑ωκρτη；Socrates；公元前 469—前 399）的教育名言：教育不是灌输，而是点燃火焰。这句至理名言对教育的影响非同小可，在百度中输入这句话进行检索，可以检索到 1390000 个结果，足以证明其在网络上的传播影响。之所以有如此大的影响就是因为这个观点跟新课程理念完全一致，一语道出了新课程教学改革的内涵。课程信息化通过对课程的内容

---

① 左小文：《台湾生命教育融渗九年一贯课程研究》，《集美大学学报》（教育科学版）2012 年第 1 期。

分析、进行信息化设计与开发，完成信息化过程，这个前期工作是为信息化课程的教学应用而做准备的，课程的所有价值都是在其应用中体现出来的。传统课程从形式上来说是比较单一的文本方式，好多东西无法直观展现，只能通过老师的讲授进行传递，这种课程形式在一定程度上促成教师教学的灌输方式，因为凭借当时的媒体技术，没有更好的立体化的信息呈现方式，没有今天的多媒体技术作支撑，课程的应用也只能是比较简单的方式进行。① 如今，信息化教学有了立体的信息传输网络，课程信息化能够集文本、图形、图像、声音、动画和视频于一体，生动、直观、形象、有趣味、有互动，便于教师寓教于乐，便于学生轻松愉快的学习，整个教学和学习过程教师不再包揽所有，而是引导学生，激发学生学习兴趣，点燃学生思考的火苗，使学生能够独立思考，勤于思考，善于解决问题，成为具备知识内化的能力人才。因此，课程信息化的内涵意义不是把教材数字化，而是把教材内容信息化，实现对信息化课程的灵活应用，信息化的目的是基于数字优势激发学生的认知敏锐度和思考灵感，激发学生的探索潜能，培养学生自主学习、独立思考的能力。

要使信息化课程的教学应用发挥出点燃火焰的作用，就必须重视课程应用中学生的实践过程和参与做事的学习，必须重视课程教学中教师的点拨和启发。学生的参与会从"做"中体验到生活般的学习，会把学习跟生活一体化，日常化，习惯化，会领悟到实践知识的意义和精髓。同时，教师的提醒、启发、点拨是导学过程，导学的意义在于学生自主完成，教师的作用在于点燃和激发。

五　课程信息化的网络观

网络不仅仅是数据的通道，更重要的是智慧通道，也是信息化课程分享的通道。网络的互通搭建了信息流通的"高速公路"，使得信息传播的范围更广，流通的速度更快，表现的形式更丰富，这为教育信息的

---

① 徐小容、朱德全：《课程实施：忠实取向与创生取向相统一》，《中国教育学刊》2011年第 8 期。

传播和共享提供了快捷的途径。① 然而，如今的网络教育信息传播还存在一些问题，低层次、不规范的课程资源重复建设，大量复制比较多，而优质的课程资源比较稀缺，应用中还存在一些共享壁垒，这也是导致偌大的网络，找到适合课程的资源并不多，没有真正体现出网络的价值和意义。② 课程信息化正是不想做太多的浪费工作，而是紧紧围绕课程，开发适合课程的资源，开发属于课程的优质资源，减少工作量，提高资源质量。这样做的目的是利用最少的资源，但一定是有用的资源，发挥出较高的效果。同时，网络资源比较零散，片段性的素材比较多。而课程信息化是针对具体课程开发相对完整系统化的配套资源，还要充分借助网络实现课程资源共享的最大化，资源共享的程度越大，资源的价值意义体现得就越充分。

六　课程信息化的评价观

评价的方法在于多元，评价的重心在于发展，评价的功能在于综合，评价的新意在于体验。课程信息化是个复杂的系统过程，评价起来难度大，层次多。③ 汲取传统教学评价的优点，同时为了克服传统教学评价的局限性，课程信息化的评价需要多种方法的综合，不同的方法各有特点，可以实现优缺互补，比如考试、作业考评、课堂考核、问答测试、情感体验测试等。④ 尽管传统考试方式是最受批评的，但是考试也有考试的好处，对于基本知识的考查还是有意义的，因为任何的创新和发展都是建立在基础知识之上，基础知识的不断积累才会慢慢内化为自我能力和智慧，只有自我知识构建到一定程度才可以形成创新的条件，否则所谓的创新就是纸上谈兵。评价的本质功能具有甄别和提供反馈信息的作用⑤，课程信息化评价的重心更应该放在后者，通过评价获取反

---

①　杨利军、周素红：《信息化建设中的问题与出路探析》，《情报理论与实践》2007年第4期。

②　涂成波、刘英杰、杨红：《浅谈网络教学应用系统对教学的影响》，《经济研究导刊》2011年第27期。

③　刘垚：《课程评价模式发展理路研究》，《当代教育理论与实践》2011年第12期。

④　卢转华：《信息化教学评价工具分析与研究》，《内江科技》2011年第4期。

⑤　杨淑萍：《重新审视课堂教学评价的功能、内容与标准》，《教育理论与实践》2009年第28期。

馈信息，以此作为课程信息化过程的完善依据，使得课程信息化工作在内容分析，信息化设计与开发，教学应用和评价中更合理，更科学，更有效，使得课程信息化得到更好的发展。综合评价对于结果的价值判断应该更合理，因为影响教学和学习的因素很多，仅仅凭借其中某一项的评价数据很难准确反映真实的结果。因此基于多因分析的基础，进行多元综合评价课程信息化的各个环节，以便促进课程信息化实践的进一步发展。[①] 课程信息化评价如果仅仅停留在传统评价方法的基础上，就不能很好地体现新课程理念，因为评价对课程信息化实践具有导向作用。新课程强调以生为本，注重学习者的学习感受和体验，三维目标中也强调了情感、态度和价值观的发展。而传统教学评价中没有学生学习体验和情感态度变化的考核，课程信息化是新课程实践的过程，体验性评价应该得到重视，应该研究科学的量化与质性分析相结合的有效方法。[②]

第三节　有待进一步研究的问题

在本书中尽管对课程信息化概念、特点、本质及课程信息化的内容分析、信息化设计与开发、教学应用和评价等进行了比较详细的阐述、分析和论证，对课程信息化的实践也进行了相关的总结。但是，课程信息化是一项系统工程，也是个复杂的过程，对一些问题的研究深度不够，还有待进一步深入研究。

一　课程信息化调研深度需要加强（现状研究）

本研究对课程信息化的调研仅限于湖北省，虽然说湖北地处中部，从理论上来讲，无论从经济发展水平还是教育状况来说能够反映国家中小学信息化教学的平均水平，但这必定是局部调研。课程信息化发展中，硬件设施配置跟经济条件有关系，但是应用水平和应用层次不一定跟经济水平正相关，所以后续研究的调研范围需要从不同的省份进行抽样调研，反映的课程信息化现状才会更加准确。另外，调研的问题设计

---

① 吴慧华：《信息化教学评价原则》，《九江师专学报》2004 年第 1 期。

② 杜井宏：《让人格在情感体验中得以完善》，《中国校外教育》2010 年第 21 期。

也需要有更多的详细量表，分门别类进行深度调研和分析。还有，国外课程信息化相关研究明显不足，后续研究可以搜集更多资料，有条件的话可以借助出国访学等活动对国外课程信息化的情况进行一定研究和借鉴。

二　课程信息化实践需要实验化（实践研究）

本研究的课程信息化实践仅仅是一些课程信息化活动，只是按照预计方案在进行，没有严格的实验设计，后续研究需要对课程信息化的实践研究采用实验研究方式，有更加精准的实验数据和实验对比对课程信息化教学进行深入研究，严格按照实验流程对课程信息化进行长期的研究，以便对其理论进行验证和完善，使课程信息化实践更加科学规范。

三　信息化课程应用方法需要创新（应用研究）

本研究在前期研究的基础上提出了若干种信息化课程教学应用的方法，但是这些方法的科学性、准确性、有效性还有待于进一步的研究和验证。可以在一定范围内应用本方法，然后进行定量测定效果，结合教师反馈信息进行定量描述，能够对每一种方法进行全面的评价和验证，修改和完善。还可以借鉴其他思路对课程信息化的方法进行创新和提升，科学的方法是需要严格的验证的。

四　信息化课程教学评价需要量化（评价研究）

本研究对于信息化课程的教学评价从课程信息化工作评价及信息化课程的教学效果评价两方面进行了论证，对于信息化课程应用的评价还基本都是些描述性的判断，没有量化的标准和依据。特别是基于情感体验的评价思维具有新意，但是评价依据如果细化、量化、准确化，则需要从心理学测量的角度进行深入和系统化的研究。同时借助信息技术的手段，发挥信息技术的优势对评价测量进行构建和开发。

参考文献

中文文献

1. 南国农主编：《信息化教育概论》，高等教育出版社 2004 年版。

2. 赵春声：《新课程理念下信息技术课程的教学策略与方法》，教育科学出版社 2011 年版。

3. 杨伟洲：《信息技术教学研究与范例——中小学一线教师专业成长的有效途径》，电子工业出版社 2013 年版。

4. 何克抗：《信息技术与课程深层次整合理论》，北京师范大学出版社 2008 年版。

5. ［日］野村综合研究所创新开发部：《IT 大趋势：2012—2016 年全球信息技术导航图》，北京市科技信息中心译，电子工业出版社 2012 年版。

6. 黄堂红编著：《中学信息技术课堂教学设计》，科学出版社 2013 年版。

7. 李文：《信息技术支持下的教师实践性知识研究》，科学出版社 2013 年版。

8. 王吉庆、李宝敏：《信息技术课程导学论》，教育科学出版社 2011 年版。

9. 任友群、王旭卿：《创建学习新平台——信息技术与学习的整合》，广东教育出版社 2006 年版。

10. 王光生：《信息技术环境下基于问题解决的数学教学设计研究》，科学出版社 2011 年版。

11. 茅育青编著：《新课程背景下学科教学与信息技术的整合》，浙江大学出版社 2006 年版。

12. 陈丽等编著：《信息技术环境下学与教方式变革——"以学生为中心"的教育探索》，中央广播电视大学出版社 2011 年版。

13. 闫寒冰：《学习过程设计——信息技术与课程整合的视角》，教育科学出版社 2005 年版。

14. 赵呈领、杨琳、刘清堂编著：《信息技术与课程整合》，北京大学出版社 2010 年版。

15. 叶智海：《信息技术与情感教育》，科学出版社 2007 年版。

16. 徐福荫、孟祥增主编：《挑战机遇与发展：应用教育技术　促进教育创新》，山东人民出版社 2009 年版。

17. ［美］艾伦·贾纳斯泽乌斯基、迈克尔·莫伦达主编：《教育技术：定义与评析》，程东元、王小雪、刘雍潜译，北京大学出版社 2010 年版。

18. 杨昭涛、芶鹏：《信息化环境下教育均衡发展的探索和实践》，北京师范大学出版社 2013 年版。

19. 黄荣怀、江新、张进宝：《创新与变革：教育信息化的核心价值》，科学出版社 2007 年版。

20. ［荷兰］约翰·赫伊津哈：《游戏的人：文化中的游戏成分的研究》，何直宽译，花城出版社 2007 年版。

21. ［美］约翰·杜威：《民主主义与教育》，人民教育出版社 2001 年版。

22. ［德］福禄贝尔：《人的教育》，孙祖复译，人民教育出版社 2001 年版。

23. 孔惠玲、李燕、李植编著：《感悟新课程：新课程实验老师的心灵对话》，高等教育出版社 2003 年版。

24. 郑金洲主编：《基于新课程的课堂教学案例》，福建教育出版社 2003 年版。

25. 谭文丽、文莉主编：《我的新课程故事：小学语文教学趣读》，四川大学出版社 2005 年版。

26. 李克东：《教育技术学研究方法》，北京师范大学出版社 2003 年版。

27. 熊生贵：《新课程：生命课堂的诞生》，四川大学出版社 2003 年版。

28. 黎奇：《新课程背景下的校本教学研究》，首都师范大学出版社 2006 年版。

29. 叶良文、孙立文、徐世德编著：《新课程·新整合·新探索：信息技术与研究性学习课程整合探索》，浙江大学出版社 2005 年版。

30. 孙孔懿：《论教育家》，人民教育出版社 2006 年版。

31. 李秉德：《教学论》，人民教育出版社 1991 年版。

32. 黄济、王策三主编：《现代教育论》，人民教育出版社 1995 年版。

33. 林崇德：《学习与发展》，北京师范大学出版社 1999 年版。

34. 郑燕祥：《教育范式转变效能保证》，上海教育出版社 2006 年版。

35. 袁振国：《教育新理念》，教育科学出版社 2002 年版。

36. 杜祖贻：《杜威论民主主义与教育》，人民教育出版社 2003 年版。

37. 黎奇：《新课程背景下的有效课堂教学策略》，首都师范大学出版社 2006 年版。

38. 周小山：《新课程的课堂教学是什么样子》，东北师范大学出版社 2005 年版。

39. 严育洪主编：《新课程教学问题讨论与案例分析》，首都师范大学出版社 2006 年版。

40. 张迪梅编著：《教育技术研究课题指导》，上海科学普及出版社 2003 年版。

41. 王素荣：《教育信息化理论与方法》，社会科学文献出版社 2006 年版。

42. 李帅军主编：《教育信息化管理的理论与实践》，科学出版社 2007 年版。

43. ［美］国际教育技术协会《国家教育技术标准》项目组：《面向教师的美国国家教育技术标准——准备好应用技术的教师》，中央广播电视大学出版社 2006 年版。

44. 胡庆雯、吴伟民主编：《新课程视野下的教学探索》，百家出版社 2005 年版。

45. 朱大利主编：《新课程学习论》，广东高等教育出版社 2005 年版。

46. 李凤舞主编：《新课程研究与实践》，辽宁人民出版社 2006 年版。

47. 肖川主编：《教师与新课程共成长》，上海教育出版社 2004 年版。

48. 钟启泉、崔允：《新课程的理念与创新》，高等教育出版社 2003 年版。

49. 勒玉乐：《新课程改革的理念与创新》，人民教育出版社 2003 年版。

50. 王绪宏主编：《新课程与学生发展性评价研究》，武汉出版社 2005 年版。

51. 刘旭主编：《新课程这样评（30 个精彩课案实录与评析小学篇)》，四川教育出版社 2007 年版。

52. 陈旭远主编：《新课程总结与反思》，中国人事出版社 2005 年版。

53. 尉小珑主编：《新理念　新课堂》，经济科学出版社 2005 年版。

54. 裴自彬、彭兴顺主编：《与新课程同行》，中国文联出版社 2006 年版。

55. ［美］Paul Clarke：《学习型学校与学习型系统》，铁俊等译，中国轻工业出版社 2004 年版。

56. ［美］Marian M. Mohr、Courtney Rogers、Besty Sanford：《研究型教师与学校发展》，方彤、罗曼佳译，中国轻工业出版社 2006 年版。

57. ［美］Richard Dufour、Robert Eaker：《有效的学习型学校——提高学生成就的最佳实践》，聂向荣、李钢等译，中国轻工业出版社 2005 年版。

58. 艾尔·巴比：《社会科学研究方法》，华夏出版社 2005 年版。

59. 袁方主编：《社会研究方法教程》，北京大学出版社 1997 年版。

60. 陈向明：《教师如何作质的研究》，教育科学出版社 2001 年版。

61. 陈向明：《质的研究方法与社会科学研究》，教育科学出版社 2000 年版。

62. 柯惠新、沈洁编著：《调查研究中的统计分析法》，中国传媒大学出版社 2005 年版。

63. 乌美娜主编：《教学设计》，高等教育出版社 1994 年版。

64. 刘志军：《课堂评价论》，广西师范大学出版社 2002 年版。

65. 祝智庭：《现代教育技术——走向信息化教育》，教育科学出版社 2002 年版。

66. 蒋鸣和：《从教学手段的整合到课程信息化——信息技术与课程整合的新探索》，《信息技术教育》2006 年第 1 期。

67. 刘建兵、赵慧：《基于泰勒课程原理的课程信息化研究》，《科技信息》2009 年第 19 期。

68. 谢康：《教育信息化视野下的课程信息化》，《中国电化教育》2005
年第 5 期。

69. 孙弘安、谢康：《课程信息化的系统观》，《中国远程教育》2009 年
第 7 期。

70. 高志军、张玲：《"教学媒体的理论与实践"课程信息化教学设
计》，《电化教育研究》2008 年第 12 期。

71. 张克敏、张进良：《"教育技术学研究方法"课程信息化探索》，
《湘潭师范学院学报》（自然科学版）2006 年第 12 期。

72. 刘瑞儒：《"四角色"：〈教育技术学〉课程信息化教学新模式》，
《教育信息化》2006 年第 5 期。

73. 刘敏、吴希迎：《"信息技术教学论"课程信息化教学设计》，《现
代教育技术》2009 年第 11 期。

74. 刘睿智：《关于现代教育技术课程信息化的探讨》，《德州学院学
报》2005 年第 12 期。

75. 谢康：《课程信息化：面向信息化的教师专业发展新模式》，《中国
远程教育》2005 年第 10 期。

76. 刘力言、马建军：《课程信息化中的信息化教学设计》，《廊坊师范
学院学报》2009 年第 10 期。

77. 李莲：《论幼儿园园本课程信息化建设的特点》，《科技信息》2010
年第 1 期。

78. 李红：《面向基础教育新课程的信息化教学设计模式》，《中国电化
教育》2007 年第 8 期。

79. 杨晓宏、李鸿科、梁丽：《"娱教"思维下的信息技术与新课程整
合》，《内蒙古电大学刊》2011 年第 5 期。

80. 杨晓宏、李鸿科、梁丽：《网络偷菜游戏的"娱教"成分对信息化
教学的启示》，《中国教育信息化》2011 年第 14 期。

81. 李鸿科、杨晓宏：《信息化教育系统优化理论》，《电化教育研究》
2011 年第 3 期。

82. 杨晓宏、李鸿科：《"娱教"视角内的信息化教学方法探究》，《现
代远距离教育》2011 年第 5 期。

83. 杨晓宏、李鸿科：《对中国教育游戏研究现状的思考——基于"娱

教"理念的信息化教学研究》，《中国电化教育》2010 年第 10 期。

84. 李鸿科、杨晓宏：《信息时代的新农村教育：知识下乡》，《吉林广播电视大学学报》2011 年第 5 期。

85. 邓珊：《"电子商务与国际贸易"课程的信息化改革思路》，《理工高教研究》2006 年第 4 期。

86. 高志军、张玲：《"教学媒体的理论与实践"课程信息化教学设计》，《电化教育研究》2008 年第 12 期。

87. 刘瑞儒、魏继宗、王承博、孟亚玲、杨梅：《"教育技术学"课程信息化教学新模式》，《教育信息化》2006 年第 5 期。

88. 张杰、张晓兰、张英：《"做个聪明的消费者"教学设计》，《中小学电教》2007 年第 3 期。

89. 腾立新、郭学东：《把握课程信息化着力点强化军校学员信息素质培养》，《高等教育研究学报》2006 年第 6 期。

90. 张筱兰：《教育信息化环境对新课程改革的支撑》，《电化教育研究》2005 年第 6 期。

91. 刘杰波：《利用现代信息技术促进新课程的实施》，《中国电化教育》2005 年第 9 期。

92. 李方：《新课程对教师专业能力结构的新要求》，《教育研究》2010 年第 3 期。

93. 郝德永：《新课程改革：症结与超越》，《教育研究》2006 年第 5 期。

94. 郭红阳、马宏春：《新课程理念下信息技术教学方法的探索》，《中国电化教育》2006 年第 10 期。

95. 杨九俊：《新课程三维目标：理解与落实》，《教育研究》2008 年第 9 期。

96. 杨启亮：《一种假设：以新课程理念引导新课程管理》，《当代教育科学》2003 年第 19 期。

97. 江涛：《高校艺术史公选课程信息化应用教学改革研究》，《艺术百家》2009 年第 7 期。

98. 徐昉：《高校专业英语课程信息化改革研究》，《外语电化教学》2004 年第 10 期。

99. 李兵、周咏翎：《"工程图学"课程信息化改革的探讨》，《工程图学学报》2008 年第 1 期。

100. 刘睿智：《关于现代教育技术课程信息化的探讨》，《德州学院学报》2005 年第 12 期。

101. 郑雁：《基于电子档案袋的高职课程信息化评价方式探究》，《湖南第一师范学院学报》2010 年第 6 期。

102. 张涛、吴莉：《基于网络的高校英国概况课程信息化改革研究》，《黑龙江教育》（高教研究与评估版）2005 年第 10 期。

103. 谢康：《课程信息化系统观下"大学物理"改革的实验研究》，《赣南师范学院学报》2009 年第 6 期。

104. 黄婷婷：《普通高校大学生艺术类课程的信息化建设》，《南京邮电大学学报》（社会科学版）2009 年第 9 期。

105. 吴莉、尹铁超：《认知学习理论视野中的英语专业课程信息化改革研究》，《黑龙江高教研究》2006 年第 9 期。

106. 王颖、高玉华、卢素改：《试论高校精品课程信息化建设与管理》，《合肥工业大学学报》（社会科学版）2008 年第 12 期。

107. 王昌沛：《完美对接：高师世界史课程信息化教学过程设计与分析》，《课程与教学研究》2010 年第 1 期。

108. 赵庆路：《农村中小学现代远程教育应用中存在的问题及对策》，《教育信息化》2006 年第 11 期。

109. 桑新民、张倩苇、赵纳新：《现代教育技术专业主干课程信息化探索》，《电化教育研究》2000 年第 1 期。

110. 殷进功、刘涛等：《医学课程信息化教学模式的应用》，《中国高等医学教育》2008 年第 8 期。

111. 丁晓东：《医学影像学课程信息化建设的实践与探索》，《医学信息学技术与教育》2008 年第 7 期。

112. 傅煜：《中学物理课程信息化可行性浅析》，《才智》2010 年第 7 期。

113. 胡玲华：《确立课程地位推进课程改革——对新课程下劳动技术教育的认识》，《湖北教育（教学版）》2004 年第 9 期。

114. 曾亮、谭玉霞：《课程类型的历史回顾与利弊辨析》，《琼州大学学报》2003 年第 4 期。

115. 杨金土：《课程类型是教育类型的本质内涵》，《中国职业技术教育》2005 年第 5 期。

116. 陈伟、雷欣欣：《国外基础教育信息化进程对中国的启示》，《贵阳学院学报》（社会科学版）2009 年第 1 期。

117. 陈焕东、唐东、凌波：《中国教育信息化现状分析与思考》，《海南师范大学学报》（自然科学报）2007 年第 6 期。

118. 祝智庭：《中国基础教育信息化进展报告》，《中国电化教育》2003 年第 9 期。

119. 刘志华、蒋志诚：《基础教育信息化进程中面临的问题及思考》，《教育信息化建设》2005 年第 4 期。

120. 宋莉：《中国基础教育信息化的比较研究》，《外国中小学教育》2007 年第 5 期。

121. 刘向东、董玉琦：《英国基础教育信息化现状及其分析》，《中国电化教育》2001 年第 7 期。

122. 钱松岭、解月光、孙艳：《美国基础教育信息化最新进展述评》，《中国电化教育》2006 年第 9 期。

123. 刘彦尊、于扬、董玉琦：《印度基础教育信息化最新进展述评》，《中国电化教育》2007 年第 1 期。

124. 王保中、黄松爱：《日本基础教育信息化最新进展述评》，《中国电化教育》2006 年第 5 期。

125. 伍海燕、王佑镁：《教育信息化发展进程面临的挑战及应对》，《教育评论》2007 年第 2 期。

126. 陈向明：《参与式教师培训的实践与反思》，《教育研究与实验》2002 年第 1 期。

127. 何善亮、许雪梅：《把握教师专业发展特征在实践中提高教师的专业化水平》，《教育科学研究》2003 年第 1 期。

128. 刘万海：《教师专业发展——内涵、问题与趋向》，《教育探索》2003 年第 12 期。

129. 蒋士会：《试析教师对课程改革的阻抗》，《学科教育》2003 年第 8 期。

130. 杨蕴敏、张茹、张霞、夏卫红：《国外教育信息化经验借鉴》，《世界教育信息》2007 年第 12 期。

131. 赵呈领、程云等:《农村中小学现代远程教育工程资源建设与开发的策略研究》,《中国远程教育》2007 年第 6 期。

132. 傅钢善:《中西部地区农村中小学现代远程教育工程资源建设重点问题探讨》,《中国电化教育》2005 年第 10 期。

133. 何克抗:《E-Learning 与高校深化改革》,《中国电化教育》2002 年第 3 期。

外文文献

1. Lange, Carl J, "Educational Technology Classics: Teacher Education and Educational Technology", *Educational Technology*, Vol. 50, No. 3, March 2010.

2. Fabio Scorsolini-Comin, Felipe José Gameiro, David Forli Inocente e Alberto Borges Matias, "Evaluation of Educational Technologies in Distance Education Courses", *Revista Digital de Biblioteconomia e Ciência da Informação*, Vol. 8, No. 2, February 2011.

3. Stansfield, David, "Educational Technology Classics: The Educational Technology Myth", *Educational Technology*, Vol. 52, No. 2, February 2012.

4. Meifeng Liu, Jinjiao Lv, Cui Kang, "Educational technology in China", *British Journal of Educational Technology*, Vol. 41, No. 4, April 2010.

5. Cleborne D Maddux, D LaMont Johnson, "Technology in Education and the Concept of Cultural Momentum", *Computers in the Schools*, Vol. 28, No. 1, January 2011.

6. Chris Tompsett, "On the Educational Validity of Research in Educational Technology", *Educational Technology and Society*, Vol. 16, No. 3, March 2013.

7. Boocock, Sarane S, "Technology and Educational Structure", *Educational Technology*, Vol. 1, No. 1, January 2012.

8. Gould, Samuel B., "Educational Technology Classics: Human Values and Automation in Education", *Educational Technology*, Vol. 49, No. 4,

April 2009.

9. Liu, Ru-De, "Psychological research in educational technology in China", *British Journal of Educational Technology*, Vol. 41, No. 4, April 2010.

10. Lessinger, Leon M., "Educational Technology Classics: Accounting for Our Stewardship of Public Education", *Educational Technology*, Vol. 51, No. 6, June 2011.

11. J. Michael Spector, "Emerging educational technologies: Tensions and synergy", *Journal of King Saud University - Computer and Information Sciences*, Vol. 26, No. 1, January 2014.

12. Catarina Silva Martins, "The Arts in Education as Police Technologies", *European Education*, Vol. 45, No. 3, March 2013.

13. Wendy Fox-Turnbull, Paul Snape, "Technology Teacher Education through a Constructivist Approach", *Journal of Design and Technology Education*, Vol. 16, No. 2, Feburary 2011.

14. K. Kiili, "Content creation challenges and flow experience in educational games: The IT-Emperor case", *Internet and Higher Education*, Vol. 8, No. 3, March 2005.

15. Tony Hall, "Digital Renaissance: The Creative Potential of Narrative Technology in Education", *Creative Education*, Vol. 3, No. 1, January 2012.

16. Nadeem Karimbux, "The impact of technology on dental education", *The Saudi Dental Journal*, Vol. 25, No. 1, January 2013.

17. Arthur Tatnall, "The various topics relating to education and information technologies", *Education and Information Technologies*, Vol. 16, No. 3, March 2011.

18. Pablo Moreno-Ger a, Daniel Burgos b, Iván Martíncz-Ortiz a, José Luis Sierra a, Baltasar Fernández-Manjón, "Educational game design for on-line education", *Computers in Human Behavior*, Vol. 24, No. 6, June 2008.

19. Ayla Göl, "Constructing knowledge: An effective use of educational tech-

nology for teaching Islamic studies in the UK", *Education and Information Technologies*, Vol. 17, No. 4, April 2012.

20. Eric Baumgartner, Sherry His, "CILT2000: Synergy, Technology, and Teacher Professional Development", *Journal of Science Education and Technology*, Vol. 11, No. 3, March 2002.

21. Tan, Philip, "Iterative game design in education", *International Journal of Arts and Technology*, Vol. 2, No. 1, January 2010.

22. Maik Heinemann, "Are Rational Expectations Equilibria with Private Information Eductively Stable?", *Journal of Economics*, Vol. 82, No. 2, February 2004.

23. Kellman, Philip J., "Adaptive and Perceptual Learning Technologies in Medical Education and Training", *Military Medicine*, Vol. 178, No. 1, January 2013.

24. Willemse, "The moral aspects of teacher educators' practices", *Journal of Moral Education*, Vol. 37, No. 4, April 2008.

25. José Cordeiro, Markus Helfert, "Innovative learning techniques and educational technologies", *Education and Information Technologies*, Vol. 18, No. 2, Feburary 2013.

26. José Luis Galán-García, Gabriel Aguilera-Venegas, Pedro Rodríguez-Cielos, "Technology integration into mathematics education and applications", *Journal of Symbolic Computation*, Vol. 61 – 62, No. 1, January 2014.

27. I. A. Sasova, "Technological Education or Labor Training?", *Russian Education & Society*, Vol. 53, No. 6, June 2011.

28. J. Michael Spector, "Emerging educational technologies: Tensions and synergy", *Journal of King Saud University – Computer and Information Sciences*, Vol. 26, No. 1, January 2014.

29. Brent I. Fox PharmD, PhD, "Information Technology and Pharmacy Education", *American Journal of Pharmaceutical Education*, Vol. 75, No. 5, May 2011.

30. Rezende Guimaraes, Marcelo Irineu, "Peace education and new technol-

ogies", *Media Development*, No. 4, April 2009.

31. Jill Jameson, "E-Leadership in higher education: The fifth 'age' of educational technology research", *British Journal of Educational Technology*, Vol. 44, No. 6, June 2013.

32. B. U. Nneji, "Technologies in Education and the Dehumanization and Imperialization of Pedagogy: The African Perspective", *Bulgarian Journal of Science and Education Policy*, Vol. 8, No. 1, January 2014.

33. Ali S. Al Musawi, "Redefining Technology Role in Education", *Creative Education*, Vol. 2, No. 2, Feburary 2011.

后　记

　　本书是在项目实践研究的过程中孕育而成，回首往事，为了项目的顺利进行，多年奔波于地方中小学，多少栉风沐雨，多少甘之如饴。感到庆幸的是结识了很多优秀的中小学教师，在跟他们交流与交往的过程中共同探究信息化教学的问题，取得了丰硕的研究成果，获得了湖北省教学成果奖二等奖，也顺利完成了书稿。本书的写作，花费了我大量的时间和精力，遭遇了阅读文献的枯燥与乏味，调研奔波的疲惫与劳累，厘不清思路的困惑与彷徨，反复修改的急躁情绪等，这一切都历历在目，等到书稿完成了，回头品味，苦中有乐，有付出必有收获，终于完成了我的"巨作"。

　　专著的写作很能磨炼一个人的意志，也是对我自己多年潜心研究的一个检验。多年来一心从事信息化教学的实践研究，对信息化教学充满了激情和希望，同时在实践研究的过程中也感到了些许的不安。因为信息技术应用到教学实践中存在诸多误区，导致信息化教学的效果并不显著，甚至受到质疑。技术与教育的融合，是我多年从未停止过的追求。所以本书立足新课程，以新课程理念为指导，探究信息技术融入教育教学实践的课程信息化道路。整个写作过程很能历练一个人的耐心、毅力、恒心和决心，能够坚持到最后，圆满完成自己的梦想，离不开同事、同学、好友及家人的无私帮助，这份情谊我将永远刻骨铭心。

　　感谢南国农先生、杨晓红教授、靖国平教授、雷体南教授、叶显发教授及马勇老师对我的课程信息化研究的指导和帮助。感谢西门小学领导及老师对我的研究的支持和帮助。感谢责任编辑赵丽老师在我出版专著过程中的悉心指导和热情帮助。

　　最后我要感谢我最亲爱的家人，感谢年迈体弱的父母整日还在田间操劳，不遗余力的对我的学业的鼓励和支持；感谢妻子陶海燕含辛茹苦地照顾着家庭，默默奉献与任劳任怨；也感谢我可爱懂事的女儿李丹雅在我每次出门时都会甜甜的告诉我"爸爸，走好，早点回来"。

要感谢的人实在太多，谨将此书给所有关心和帮助过我的人。

本书在写作过程中，参考了国内外部分研究文献及资料，在此一并致以衷心的感谢！由于作者水平有限，错漏及不尽如人意之处在所难免，恳请广大读者批评指正。

李鸿科

2014 年 5 月 22 日

于湖北大学